Maria

Ihr Leben, ihr Zeugnis, ihr Wirken

Claus-Peter März
Martina Bär
Johanna Domek OSB
Manfred Becker-Huberti

MARIA

Ihr Leben
Ihr Zeugnis
Ihr Wirken

Bibliografische Information der Deutschen Nationalbibliothek
Die Deutsche Nationalbibliothek verzeichnet diese Publikation
in der Deutschen Nationalbibliografie;
detaillierte bibliografische Daten sind im Internet über
http://dnb.d-nb.de abrufbar.

Besuchen Sie uns im Internet unter:
www.st-benno.de

ISBN 978-3-7462-3327-7

Stammerstr. 11, 04159 Leipzig
Umschlaggestaltung: Ulrike Vetter, Leipzig
Gesamtherstellung: Kontext, Lemsel (A)

INHALTSVERZEICHNIS

Claus-Peter März

MARIA – IM NEUEN TESTAMENT

Maria ist eine der bekanntesten Frauen der Weltgeschichte. Über die Jahrhunderte hin hat man sie als Helferin in allen Nöten angerufen. Theologen haben ihre Bedeutung als Mutter Jesu herausgestellt, Künstler ihr vielfach bildnerisch Gesicht und Gestalt gegeben und der Glaube des Volkes näherte sich ihr als der Mutter, in deren Schutz die Menschen geborgen sind.

Von Maria ist dabei im Neuen Testament – sieht man von zwei kurzen Notizen in Gal 4,4 und Apg 1,13 ab – ausschließlich in den Evangelien die Rede. Gal 4,4 weist bekenntnishaft darauf hin, dass Gott am Ende der Zeiten seinen Sohn sandte, der – *„geboren von einer Frau und geboren unter dem Gesetz“* – den Menschen Rettung bringen wird. Apg 1,13 sieht Maria nach der Auferstehung Jesu mit den Aposteln inmitten der sich bildenden Gemeinde: *„Sie alle verharrten dort einmütig im Gebet, zusammen mit den Frauen und mit Maria, der Mutter Jesu, und mit seinen Brüdern.“*

Die Evangelien weisen neunzehnmal mit unterschiedlichen Aspekten auf Maria und zeichnen dabei durchaus unterschiedliche „Bilder“ der Mutter Jesu: Sie stammt aus Israel, ist mit einem Mann namens Josef verheiratet. Die Evangelien verweisen darauf, dass neben Jesus weitere Kinder in der Familie leben. Josef übt den Beruf eines Bauhandwerkers aus, und auch Jesus hat offenbar in diesem Beruf gearbeitet, bis er zum Jordan ging, sich von Johannes taufen ließ und dann in Israel das Kommen des Reichs Gottes verkündete.

Besondere Bedeutung im Hinblick auf Maria haben jene Texte im Matthäus- und Lukasevangelium, die man früher als „Kindheitsgeschichten“ Jesu bezeichnete, weil man meinte, sie würden die Geburt und das Heranwachsen Jesu beschreiben. Heute interpretiert man diese Texte nicht mehr als Erinnerungen an die ersten Jahre Jesu, sondern als Hinweise, die das Kommen Jesu mit Blick auf die Verheißungen des Alten Testaments deuten. Auch da findet sich nur wenig Konkretes über Maria. Es gibt keinen Hinweis auf ihre Herkunft, ihre Familie, ihr Alter und ihre soziale Stellung.

Das mag auf den ersten Blick verwundern, bei näherem Hinsehen wird deutlich: Diesen Texten geht es darum, das Kommen Jesu im Lichte der Verheißungen des Alten Testaments zu sehen: dass er in

Bethlehem, der Stadt Davids, geboren wird und so als Davidssohn ausgewiesen wird. Es ist eine Art des gläubigen Erzählens, die nicht in erster Linie auf historische Gegebenheiten aus ist, sondern die heilsgeschichtliche Bedeutung des „Kommens" Jesu im Lichte der Verheißungen herausstellen will. Das vierte Evangelium zeichnet den Horizont dann noch weiter und deutet Jesus als das Wort, das von Gott kommt und unter uns gewohnt hat. Bemerkenswert ist auch der Schluss des vierten Evangeliums: *„Noch viele andere Zeichen, die nicht in diesem Buch aufgeschrieben sind, hat Jesus vor den Augen seiner Jünger getan. Diese aber sind aufgeschrieben, damit ihr glaubt, dass Jesus der Messias ist, der Sohn Gottes, und damit ihr durch den Glauben das Leben habt in seinem Namen"* (Joh 20,30f).

Nehmen wir diese Notiz als eine Leseanweisung für das rechte Verstehen der Evangelien, dann erschließt sich ein neues Verständnis dieser Texte: sie sind keine Biografien Jesu und wollen auch nicht die Geschichte seiner Familie erzählen. Es geht ihnen vielmehr darum, das in der Geschichte verborgene Handeln Gottes in Jesus Christus zu bezeugen: *„... damit ihr glaubt, dass Jesus der Messias ist, der Sohn Gottes, und damit ihr durch den Glauben das Leben habt in seinem Namen."*

Deshalb können wir von den Evangelien nicht vornehmlich Auskünfte über biografische Zusammenhänge erwarten, sondern eben die Bezeugung des von Gott in Jesus Christus den Menschen geschenkten Heils. Alle vier Evangelisten haben ihre Schriften in diesem Sinne verfasst und nehmen die LeserInnen gewissermaßen „an der Hand“, um ihnen die Augen für das Angebot eines neuen Lebens zu öffnen. Deshalb zeichnen sie auch nicht den ganzen Lebensweg Jesu auf. Nur einige, wichtige Erinnerungen sind aufgenommen, eine Reihe bedeutsamer Lehrworte Jesu sind zusammengestellt. Aber all das ist aufgeschrieben, damit deutlich wird: Jesus ist der Sohn Gottes, in ihm eröffnet Gott den Menschen, die ihn suchen, Heil und Erlösung. Das geschichtliche Umfeld und besondere Geschehnisse der damaligen Zeit werden nur dann erwähnt, wenn sie etwas mit Jesus und seinem Weg zu tun haben. Von anderen Personen ist nur die Rede, wenn sie mit Jesus in Kontakt kommen, ihm nachfolgen, ihn ablehnen oder in irgendeiner inneren Beziehung zu seiner Sendung stehen.

Liest man die Texte des Neuen Testamentes, die von Maria erzählen, auf diesem Hintergrund, dann erklärt sich manches. Verständlich wird vor allem, warum sich so wenig Biografisches über Maria fin-

det. Es geht in den Evangelien eben nicht um die Lebensumstände Marias, sondern um das von Gott in Jesus bewirkte Heil. Maria wird erwähnt, weil sie als Mutter Jesu mit diesem Geschehen direkt in Verbindung steht.
Im Folgenden soll den Bildern, die die vier Evangelisten von Maria zeichnen, nachgegangen werden. Sie bedienen sich unterschiedlicher Perspektiven und weisen auf unterschiedliche Weise auf Gottes Handeln in Jesus Christus hin. Dabei sehen sie Marias „Rolle“ durchaus auf jeweils eigene Weise.

1. „Ist das nicht der Sohn der Maria“? **Maria im Markusevangelium**

Das Markusevangelium ist das älteste der vier Evangelien. Es ist um das Jahr 70 n. Chr. verfasst worden – mehr als 35 Jahre nach Jesu Tod. Der Verfasser beschreibt das öffentliche Wirken Jesu in Israel – angefangen von der Taufe des Johannes bis hin zum Tod am Kreuz und dem leeren Grab. Er setzt ein mit der Predigt des Täufers und der Taufe Jesu und erschließt den LeserInnen mit einer Zusammenfas-

sung der Verkündigung Jesu das Neue, das mit seinem Kommen die Welt erfasst hat:
„Die Zeit ist erfüllt und das Reich Gottes ist nahe herbeigekommen. Kehrt um und glaubt an das Evangelium!“ (Mk 1,14f)
Dieser zentrale Satz sucht das Besondere der Situation herauszuarbeiten: Die Welt ist nicht mehr die gleiche wie vor dem Kommen Jesu. Eine neue Zeit hat begonnen. Sie macht sich geltend in der Predigt Jesu, die das Reich Gottes als schon greifbar und gegenwärtig ansagt. In Zeichen und Wundern, die das auf ihre Weise anschaulich machen, zeigt sich etwas ganz Neues: Gott macht die Welt heil.

Eine nüchterne Evangelienschrift

Die Evangelienschrift des Markus ist kürzer, zurückhaltender und nüchterner als die drei späteren Evangelien. Inhaltlich beschreibt er die Anfänge des öffentlichen Wirkens Jesu, seine Verkündigung in Galiläa; er verweist auf Jesu Weg hinauf nach Jerusalem, seinen Einzug in Jerusalem, das Auftreten im Tempel, das letzte Mahl mit den Jüngern, die Verhaftung in Gethsemani, die Verurteilung und den Tod am Kreuz. Das Evangelium endet offen am leeren

Grab: Ein Bote tut den Frauen die Auferstehung Jesu kund. Er fordert sie auf, den Jüngern zu eröffnen, dass Jesus ihnen nach Galiläa vorausgeht und sie ihn dort sehen werden. Die Frauen aber – erschreckt und verwirrt von dieser Botschaft – fliehen aus dem Grab und erzählen niemand von dem, was ihnen widerfahren ist. Denn Unsicherheit, Ratlosigkeit und Furcht hatten sie ergriffen. Abrupt endet das Markusevangelium mit der Flucht der Frauen aus dem leeren Grab.

Markus hat bewusst einen derart ungewöhnlichen Schluss gewählt, um den LeserInnen vor Augen zu führen, dass wir das Geheimnis der Person Jesu nicht ergründen können und uns auch dann auf ihn einlassen sollen, wenn uns sein Weg fremd erscheint. Die dunklen Vermerke sollen die LeserInnen nach den Hintergründen fragen lassen und sie so mehr und mehr zum Geheimnis des Weges Jesu führen.

Es finden sich deshalb gerade bei Markus bewusst gesetzte Unklarheiten, Brüche und nicht selten dunkle, nicht immer verständlich zu machende Hinweise und Erklärungen. Dies wird nicht zuletzt auch daran deutlich, dass der Evangelist Jesus durchaus auch in einer gewissen Distanz zu seiner Familie zeichnet. Bisweilen setzt er sich deutlich von ihr ab.

Nachdenken über die Familie Jesu

Mk 3,20f vermerkt, dass die Menschen derart begeistert von Jesu Predigt waren, dass sie ihn und die Jünger bedrängten und ihnen nicht einmal Zeit zum Essen ließen. Daran schließt sich der erstaunliche Hinweis an, dass sich Jesu Verwandte nach einiger Zeit *„auf den Weg machten, um ihn mit Gewalt zurückzuholen; denn sie sagten: Er ist von Sinnen.“* (3,21) Bald stehen tatsächlich seine *„Mutter und seine Brüder“* vor dem Haus, in dem er lehrt, und wollen ihn wegbringen. Offenbar will sich die Familie der kritischen Aufmerksamkeit, die ihr wegen des Auftretens Jesu zuteil wird, entziehen und begründet das mit der Feststellung: *„Er ist von Sinnen!“*
Jesus aber folgt nicht der Aufforderung, mit ihnen zurück nach Nazareth zu kommen, sondern weist auf die, die sich um ihn versammelt haben, um seine Botschaft zu hören. Unmissverständlich stellt er fest: *„Wer ist meine Mutter und meine Brüder? Und er blickte auf die, die im Kreise saßen, und sagte: Das hier sind meine Mutter und meine Brüder. Wer den Willen Gottes erfüllt, der ist für mich Bruder und Schwester und Mutter.“* (Mk 3,31ff)
Diese Auskunft zeigt, dass für Jesus nicht die Familie, sondern die Verkündigung an erster Stelle steht,

was eine deutliche Distanz zur eigenen Familie mit sich bringt. Solche Distanz verlangt er ganz offensichtlich auch von seinen Jüngern (vgl. etwa Mk 1,16-20; 2,13f; 3,13-19).

Ein Prophet hat kein Ansehen in seiner Heimat

Gerade in Nazareth, seiner Heimatstadt, stößt er nach Mk 6,1-6 anlässlich einer Predigt in der Synagoge auch deshalb auf Kritik und Ablehnung, weil man ihn kennt und in der Stadt hat aufwachsen sehen. Die Leute sind verwundert und stellen die Frage, was ihn ermächtigt, mitten unter ihnen wie ein Lehrer oder ein Prophet aufzutreten und sie zur Umkehr aufzurufen:

„Ist das nicht der Zimmermann, der Sohn der Maria und der Bruder von Jakobus, Joses, Judas und Simon? Leben nicht seine Schwestern hier unter uns?“

Jesus kommentiert das Geschehen entsprechend:

„Nirgends hat ein Prophet so wenig Ansehen wie in seiner Heimat, bei seinen Verwandten und in seiner Familie.“ (Mk 6,4)

Beide Texte lassen keinen Zweifel daran, dass sowohl die Bewohner von Nazareth als auch die eigene Familie sich von Jesus distanzieren. Markus bringt mit diesen Erinnerungen sehr bewusst zur Sprache, dass Jesus nicht einfach von seinem menschlichen Herkommen her erfasst werden kann, sondern immer auch über dies hinausweist und letztlich immer von seiner auf Gott zurückgehenden Sendung her verstanden werden muss.

2. „Man wird ihm den Namen Immanuel geben ...!" Maria im Matthäusevangelium

Das erste Evangelium spricht mehrfach über die Mutter Jesu. Die tiefsten und dichtesten Aussagen finden sich am Anfang – im so genannten „Stammbaum" Jesu (Mt 1,1-17) und in der Ankündigung seiner Geburt (Mt 1,18-25). Dabei bedienen sich diese Texte einer besonderen Art des Erzählens: Sie nehmen die Verheißungen des Alten Testaments auf und bezeugen von daher Jesus als den zum Heil der Menschen gekommenen Retter. Sie erzählen keine „*Kindheits*geschichten", reihen nicht Episoden aus den frühen Jahren Jesu aneinander und beschreiben auch nicht nur die Umstände seiner Geburt. Sie nehmen vielmehr Bilder, Hoffnungen und Verheißungen des Alten Testaments auf und wollen mit ihnen verdeutlichen, dass Jesus der durch die Verheißungen angekündigte und von den Menschen erwartete Retter ist. Sie wollen nicht Israels Vergangenheit verklären, keine Geschichten vom „Gestern“ erzählen, um dann von der Erinnerung zu leben. Sie stellen vielmehr heraus, *wer* Jesus für alle Zeiten *ist*, und bekennen aus eigener Erfahrung, dass die Menschen, die ihm nachgehen, das wirkliche Leben finden.

Der „Stammbaum“ Jesu

Geschlechtsregister, wie das in Mt 1,1-17 gebotene, sind bei den Juden in damaliger Zeit übliche Mittel der Legitimation. So mussten etwa Priester und Leviten ihre angemessene Herkunft durch einen solchen Stammbaum nachweisen. Der Evangelist knüpft an diese Praxis an, will aber Jesus nicht als Priester oder als Leviten ausweisen. Vielmehr bekennt er sich mit der Auflistung der Vorfahren zu Jesus als dem Messias, der von Gott gekommen ist und die Verheißungen der Väter erfüllt. Er stellt diesen Text deshalb pointiert an den Anfang seines Evangeliums, damit alles Folgende auf dem Hinter-

grund dieses Grundbekenntnisses gelesen wird.
Bedeutsam ist schon die Überschrift: *„Stammbaum Jesu Christi, des Sohnes Davids, des Sohnes Abrahams“* (Mt 1,1). Sie bringt Jesus mit den beiden großen Gestalten der Geschichte Israels zusammen: Er ist „Nachkomme“ Abrahams und Davids, in Ihm erfüllt sich die Verheißung, die das Volk mit diesen beiden Namen verbindet.
Der Einsatz vermittelt zunächst den Eindruck, als folge der Evangelist fraglos der jüdischen Vorstellung, dass das Leben durch die Männer weitergegeben werde und die Frauen deshalb gar nicht genannt zu werden brauchen:
„... Abraham zeugte Isaak, Isaak zeugte Jakob, Jakob zeugte Juda und sein Brüder ...“
Das ist übliche Praxis solcher Genealogien in Israel und auch sonst in der antiken Welt. Matthäus orientiert sich zwar an dieser Praxis, unterläuft sie aber, indem er in die Abstammungsgeschichte Jesu neben den Männern auch auf Maria und vier Frauen aus der Geschichte Israels verweist, die für die Juden von entscheidender Bedeutung gewesen sind: Tamar, Rahab, Rut und Batseba. Sie sind allesamt keine Jüdinnen, sondern kamen als Fremde in das Volk Israel. Sie waren deshalb auch für die legitime Erbfolge eigentlich nicht von Bedeutung – und doch wurden

sie von Gott für seinen Heilsplan in Anspruch genommen. Sie sind dabei freilich für das Markusevangelium in der Abfolge des Stammbaums letztlich Vorzeichen und so auf Maria ausgerichtet, an der noch Größeres geschehen ist: Die Geschlechterfolge, die den Sohn aus der Zeugung des Vaters erklärt, ist unterbrochen; hintergründig deutet sich an, dass Gott selbst in die Geschichte eingreift. So erscheint Jesus nicht nur als ein von Gott Erwählter wie David, Salomo, Jeremia oder Jesaja, sondern als der, der aus Gott geboren ist. Er ist der, in dem Gott einen Neuanfang in der Menschheitsgeschichte setzte.

Der Stammbaum des Matthäus zeigt, so gesehen, dass Jesus zwar von der Menschheitsgeschichte umschlossen, nicht aber durch sie bewirkt ist, sondern aus Gott geboren ist. Maria steht dabei für die neue Menschheit, die Gottes neue Zuwendung aufnimmt und leibhaftig austrägt. Damit weist der Evangelist auch den Lesern ihren Platz zu: Sie sind Empfangende, die Gottes Handeln in der gleichen Weise wie Maria aufnehmen sollen.

Die Geburt Jesu

Der „Stammbaum“ führt die LeserInnen bis zu jener kühnen Feststellung: „Von ihr (Maria) wurde Jesus geboren, der der Christus genannt wird.“ (Mt 1,16) Diese pointierte Aussage verlangt nach einer Rückfrage: Wie geht das zu? Wenn die Geschlechterabfolge nicht vom Vater zum Sohn übergegangen ist? Woher kommt Jesus?

Auf diese Fragen gibt die nächste Geschichte (Mt 2,1-12), in der unvermittelt Josef ins Zentrum des Geschehens rückt, eine Antwort. Dabei geht es eigentlich nur um den Erkenntnisprozess, den Josef durchläuft und durch den er zum Verstehen des Handelns Gottes geführt wird. Josef aber steht hier für die LeserInnen, die gewissermaßen „mit seinen Augen“ sehen und seinen Weg des Erkennens mitgehen sollen.

Am Anfang steht eine Irregularität, die durch Menschen nicht erklärt werden kann und der sie ratlos gegenüberstehen: Maria wird schwanger, noch bevor sie von Josef heimgeholt worden ist und mit ihm ehelichen Umgang gehabt hat. Will Josef nach jüdischen Vorstellungen „gerecht“ bleiben, dann muss er Maria entlassen. Und dies ist damals in Israel immer noch die menschenfreundlichste Möglichkeit: die Übertretung nicht öffentlich zu machen und die Schwangere still in ihr Elternhaus zu entlassen. Durch einen Engel aber wird Josef eine all seine Gedanken umstürzende Kunde überbracht: Maria ist ihm nicht untreu gewesen, das Kind, das sie trägt, ist vielmehr aus Gott – ein Neuanfang Gottes in der Abfolge menschlicher Geschlechter und deshalb ein Geschenk Gottes für die Menschheit. Damit aber wird von Josef, der mit seinem Handeln vor Gott „gerecht“ sein wollte, unvermittelt eine ganz neue Form der „Gerechtigkeit“ verlangt. Es geht nicht mehr nur um das Halten von Gesetzen und Rechtsvorschriften, sondern um die Offenheit für dieses unerwartete und unglaubliche Handeln Gottes und die Bereitschaft, sich ihm zu stellen.

Auch den LeserInnen dieser Texte ist damit gesagt, dass sie „Gerechtigkeit“ nur dort finden werden, wo sie sich glaubend auf das Handeln Gottes in Jesus Christus einlassen und von ihm ihr Leben bestimmen lassen. Für sie, die ja mit den Augen des Josef sehen und mit seinen Ohren hören sollen, fügt der Evangelist noch einen Hinweis auf die Schrift an, der Marias Empfängnis aus einem Verheißungswort des Alten Testaments verständlich machen soll: *„Siehe, die Jungfrau wird empfangen und einen Sohn gebären, und man wird ihm den Namen Immanuel geben, das heißt* *übersetzt: Gott ist mit uns“* (Mt 1,22, vgl. Jes 7,4). Das ist die Lebensbotschaft, in der sich die Verheißungen erfüllen: Das Kind, das ganz aus Gott ist, bringt den Menschen die Nähe und Zuwendung Gottes und lässt sie glauben, dass „Gott mit uns“ ist.

3. „Hoch preist meine Seele den Herrn ...“ Maria im Lukasevangelium und der Apostelgeschichte

Folgt man einer alten Legende, dann soll der Evangelist Lukas ein Maler gewesen sein und ein Bild von Maria gemalt haben, das allen späteren Darstellungen der Gottesmutter zugrunde liegt. Auch wenn diese Vorstellung keinen historischen Anhaltspunkt hat, erinnert sie auf ihre Weise daran, dass Lukas der unter den vier Evangelisten ist, der das farbigste und konturenreichste Bild von Maria gezeichnet hat. Ähnlich wie bei Matthäus finden sich auch bei ihm die entscheidenden Texte in den so genannten „Vorgeschichten“.
Hier soll auf drei Texte näher eingegangen werden: auf die Verkündigungsszene (Lk 1,26-38), den Gang

Marias zu Elisabeth (Lk 1,39-56) und die Notiz über die Zugehörigkeit Marias zur frühen Gemeinde, auf die die Apostelgeschichte verweist (Apg 1,13f).

„Ich bin die Magd des Herrn“ (Lk 1,26-38)

Die Geschichte beginnt mit einem scharfen Kontrast: Gabriel, einer der höchsten „Thronengel“ Gottes, wird zu einer jungen Frau in Nazareth gesandt. Den LeserInnen wird sogleich deutlich, dass diese Frau dann auch in besonderer Weise in das Handeln Gottes einbezogen sein muss. Immerhin spricht ein Thronengel Gottes sie als „Begnadete“ an.

Danach ist ein kurzer Dialog wiedergegeben: Der Engel enthüllt Maria, welchen Platz sie im Plan Gottes für die Rettung der Menschen haben soll. Maria ist von der Ankündigung betroffen, lässt sich aber auf das ein, was Gott ihr durch den Engel sagt. Ihre Antwort wird bis heute als einzig angemessene Reaktion auf das Handeln Gottes von vielen aufgenommen:

„Ich bin die Magd des Herrn; mir geschehe, wie du es gesagt hast.“ (1,38)

Der Zusammenhang lässt keinen Zweifel daran, dass Maria bei all dem nicht nur für sich selbst steht. Sie

steht vielmehr für alle Menschen und zeigt durch ihre Reaktion, wie Glaubende sich auf Gott einlassen sollen:
„... mir geschehe, wie du gesagt hast!“
Gott will einen neuen Anfang setzen in der Welt und durch Jesus Christus die Verheißungen erfüllen. In dieses Handeln Gottes ist Maria hineingezogen, deshalb wird sie als „Begnadete“ angeredet.
Marias Frage: *„Wie soll das geschehen, da ich keinen Mann erkenne?“* ist viel umrätselt worden. Sie soll an dieser Stelle vom Erzählzusammenhang her wohl nur klarlegen, dass Maria mit Josef noch keinen ehelichen Umgang hatte, das angekündigte Kind deshalb nicht aus ihrem Miteinander hervorgegegangen ist.
Ihre Bedenken aber lassen den Engel die Verheißung genauer fassen: Aus Gottes Geist wird dieses Kind hervorgehen. Neuschöpfung wird es sein, heilig, Sohn Gottes. Dazu spricht Maria im Glauben den entscheidenden Satz:
„... mir geschehe, wie du es gesagt hast.“
Wie Jesus nur im Glauben angenommen werden kann, so konnte Er auch nur im Glauben empfangen werden.

„Meine Seele preist die Größe des Herrn“ (Lk 1,39-56)

Inmitten der großen Ankündigungen, die Himmel und Erde miteinander verbinden und schon lange Verheißenes Wirklichkeit werden lassen, wirkt die Begegnung zwischen Maria und Elisabeth wie ein Ruhepunkt. Hier „geschieht“ eigentlich nichts mehr, aber das, was zuvor geschehen ist, wird bedacht und vertieft.

Der Erzähler räumt dem Leser gewissermaßen eine Atempause ein, damit er innehält und begreift, wovon hier geredet wird. Dann erschließt Elisabeth in prophetischer Rede, was die Empfängnis Marias für die Menschen bedeutet. Maria antwortet mit einem Lobgesang, in dem sie das, was an ihr geschehen ist, als Lied vor Gott bringt. Sie besingt die neue Lebensordnung für die Welt, die durch das Kommen des Messias heraufgeführt wird. Die alte, von Herrschaftsstrukturen und unmenschlicher Versklavung bestimmte Welt ist, wenn man dieses Lied singt, eigentlich schon im Vergehen. Denn in diesem Gesang scheint bereits eine neue Welt auf – und Maria singt als die Glaubende, die als erste empfangen hat, was durch sie gewirkt wurde:

„Meine Seele preist die Größe des Herrn,
und mein Geist jubelt über Gott, meinen Retter.
Denn auf die Niedrigkeit seiner Magd
hat er geschaut.
Siehe, von nun an preisen mich selig
alle Geschlechter.
Denn der Mächtige hat Großes an mir getan,
und sein Name ist heilig.
Er erbarmt sich von Geschlecht zu Geschlecht
über alle, die ihn fürchten.
Er vollbringt mit seinem Arm machtvolle Taten.
Er zerstreut, die im Herzen voll Hochmut sind:
Er stürzt die Mächtigen vom Thron
und erhöht die Niedrigen.
Die Hungernden beschenkt er mit seinen Gaben
und lässt die Reichen leer ausgehn.
Er nimmt sich seines Knechtes Israel an
und denkt an sein Erbarmen,
das er unsern Vätern verheißen hat
Abraham und seinen Nachkommen auf ewig."

„... und mit Maria ..." (Apg 1,13f)

Am Beginn der Apostelgeschichte ist vermerkt, dass sich die Jünger nach der Himmelfahrt Jesu im „Obergemach" zusammenfanden:

„Sie alle verharrten dort einmütig im Gebet, zusammen mit den Frauen und mit Maria, der Mutter Jesu, und mit seinen Brüdern“ (Apg 1,14).
Ohne Zweifel will der Evangelist damit auf den Jüngerkreis als Keimzelle der Jerusalemer Gemeinde verweisen. Dabei ist ihm wichtig, Maria diesen ersten Zeugen zuzurechnen. Sie erscheint so auf einer Ebene mit den Aposteln, weil sie für Lukas eine Zeugin ist, die von Anbeginn dabei war und in die Entwicklungen einbezogen war.
So, wie sich Maria als Glaubende dem Wirken des Heiligen Geistes geöffnet hat, so ist sie am Ende unter denen, die das Kommen des Geistes an Pfingsten erwarten. An ihr wird deutlich, dass es der gleiche Geist ist, der am Anfang Jesus in ihrem Leib gebildet hat und nun die Entstehung der Kirche bewegt. Ohne Worte bezeugt sie, dass es gegenüber dem Wirken dieses Geistes nur eine angemessene Haltung gibt: den Glauben, das Gebet und die vertrauensvolle Bereitschaft.
Maria erscheint so bei Lukas als die Glaubende, in deren Haltung sich alle Glaubenden einfinden sollen. Sie repräsentiert jene dienstbereite Offenheit für das Handeln Gottes, aus dem die Kirche wachsen kann. Schließlich ist sie Zeichen für das Wirken des Geistes Gottes, der alles gibt und alles wachsen lässt.

4. „Siehe da deine Mutter ...!“ Maria im vierten Evangelium

Das Johannesevangelium hebt sich in seiner Art zu reden und zu argumentieren von den anderen drei Evangelien ab. Der vierte Evangelist erzählt den Weg Jesu auf eigene Weise: spirituell, pointiert und hintergründig. Er sucht die LeserInnen über alles Vordergründige hinauszuführen und ihnen jene eigentliche Wirklichkeit zu eröffnen, die verborgen hinter den äußeren Geschehnissen steht. Zwar weist das Johannesevangelium nur auf sieben Wunder Jesu, die aber sind für den Evangelisten bereits Zeichen des kommenden Heils. Ebenso ist auch von der Mutter Jesu im vierten Evangelium nur zweimal die Rede, die beiden Hinweise aber umrahmen den gesamten irdischen Weg Jesu (Joh 2,1-11; 19,25-27). Sie markieren den Anfang und das Ende seines Wirkens und bringen die Mutter mit diesen Geschehnissen in Verbindung: Sie ist am Anfang bei der Hochzeit zu Kana und steht am Ende mit dem Lieblingsjünger unter dem Kreuz. Beide Male spricht der Evangelist dabei nicht einfach von „Maria“, sondern nennt sie mit Respekt vor ihrer besonderen Verbindung zu Jesus die „Mutter Jesu“.

Die Hochzeit zu Kana (Joh 2,1-11)

Das vierte Evangelium ist vor allem am inneren Sinn der Geschichte Jesu interessiert; es erzählt deshalb hintergründig und symbolisch. Scheinbare Widersprüche und Missverständnisse sind dabei nicht selten der Schlüssel zum eigentlichen Sinn der Geschichte, den der Evangelist dann aber zumeist auch nur andeutet.

So ist es auch bei der Hochzeit zu Kana: Als der Wein ausgeht, weist Maria Jesus auf diesen Umstand hin, und er antwortet ihr merkwürdig distanziert:

„Frau, was ist zwischen mir und dir!" (Joh 2,4)

Marias Bitte wird nicht einfach abgewiesen, aber die Antwort Jesu lässt Distanz erkennen. Sie will offensichtlich herausstellen, dass allein Gott die Triebkraft seines Handelns ist. Er wird nicht durch Menschen – auch nicht durch die Mutter – in seinem Tun geleitet, sondern allein durch den Willen Gottes. Deshalb sagt Er der Mutter: *„Meine Stunde ist noch nicht gekommen*!" (Joh 2,46) Aber sie wird kommen, wenn der Vater es bestimmt.

Der Evangelist will mit diesen ungewöhnlichen Zuspitzungen letztlich etwas über Jesus aussagen: Er kommt aus der Welt Gottes, ist ganz vom Willen des Vaters bestimmt und steht deshalb durchaus in einer gewissen Distanz zu dem, was die Menschen bewegt. Dies wird bei der Hochzeit zu Kana auch im Hinblick auf die Mutter deutlich. Natürlich weiß der Evangelist, dass Jesus von Maria geboren und wirklicher Mensch ist. Er möchte aber auch unmissverständlich klarmachen, dass Er zugleich das ewige Wort Gottes ist.

Maria unter dem Kreuz (Joh 19,26f)

Nur das vierte Evangelium erzählt, dass die Mutter Jesu mit dem Jünger, den Jesus liebte, unter dem Kreuz stand. Jesus übergibt dabei seine Mutter vom Kreuz her dem Lieblingsjünger, der sie dann auch in sein Haus aufnimmt (Joh 19,27).

Die Szene entspricht der schweren Stunde: Jesus, der nicht mehr für seine Mutter sorgen kann, übergibt sie dem Jünger, der ihm am nächsten steht, damit sie bei ihm Wohnung und Schutz findet. Denn die Mutter und der Jünger können Ihm jetzt noch nicht auf dem Weg in die bleibende Gemeinschaft mit dem Vater folgen. Deshalb werden sie einander übergeben.

So hieß es schon bei der Abschiedsrede vor den Jüngern:

„Meine Kinder, ich bin nur noch kurze Zeit bei euch. Ihr werdet mich suchen, und was ich den Juden gesagt habe, sage ich jetzt auch euch: Wohin ich gehe, dorthin könnt ihr nicht gelangen. Ein neues Gebot gebe ich euch: Liebt einander! Wie ich Gott geliebt habe, so sollt auch ihr einander lieben. Daran werden alle erkennen, dass ihr meine Jünger seid: wenn ihr einander liebt“ (Joh 13,33-35).

Sieht man die Szene am Kreuz im Lichte dieser Aussagen, dann ist die Intention deutlich: Zwar kommt die irdische Gemeinschaft mit Jesus an ihr Ende. Es gibt aber eine Hinterlassenschaft, in der sich die Gemeinschaft mit Ihm bleibend fortsetzt: die Liebe der Jünger untereinander. In ihrem Miteinander wird er zugegen sein, und in ihm werden auch sie mit dem Vater verbunden sein. Maria und der Lieblingsjünger erscheinen so unter dem Kreuz gewissermaßen als Keimzelle jener neuen Gemeinschaft im Heiligen Geist, die nach Ostern in der gegenseitigen Liebe die Nähe des Meisters sucht.

So haben die sparsamen Hinweise, mit denen das vierte Evangelium die Mutter Jesu zur Sprache bringt, doch ein großes Gewicht. Denn sie zeichnen ein ganz eigenes Bild der Mutter Jesu: Sie ist hineingezogen in sein Kommen, bleibt aber gewissermaßen „auf der Seite der Menschen“. Sie gehört zu jenen, denen die Sendung Jesu gilt. Ihre Erwählung als Mutter Jesu vollendet sich deshalb unter dem Kreuz. An ihr und dem Lieblingsjünger wird, noch bevor Jesus das *„Es ist vollbracht!“* gesprochen hat, die Frucht seines Todes deutlich.

Martina Bär

MARIA – JUNGFRAU, GOTTESGEBÄRERIN UND TEMPEL GOTTES

Über ihre Bedeutung als Vorbild im Glauben für Männer und Frauen

Alles begann mit der Einwilligung „Ich bin die Magd des Herrn: mir geschehe, wie du es gesagt hast“ (Lk 1,38). Das war ihre Antwort, als der Engel Gabriel ihr die Kunde brachte, sie habe bei Gott Gnade gefunden und solle ein Kind empfangen, das Sohn des Höchsten genannt werden würde und als König über das Haus Jakob in Ewigkeit herrschen solle. Maria wandte zunächst ein, dass sie ja noch gar nicht verheiratet sei, also keinen Mann erkenne. Da prophezeite ihr der Engel eine Empfängnis auf wundersame Weise: der Heilige Geist würde über sie kommen, und die Kraft des Höchsten würde sie überschatten. Deswegen werde das Kind auch heilig sein und Sohn Gottes genannt werden. Auch Elisabeth, die als unfruchtbar galt, sei in ihrem hohen Alter noch schwanger geworden, weil für Gott nichts unmöglich ist. Als sie das hörte, konnte sie „Ja" zu Gottes Wunsch und Willen sagen, dieses göttliche Kind – den erwarteten Messias – durch die Kraft Gottes zu empfangen und zu gebären. Der Engel Gabriel verließ sie daraufhin. Maria aber brach sofort auf und ging zu Elisabeth, ihrer Verwandten, an der Gott auch so Wundersames gewirkt hatte. Als sich die zwei sahen und begrüßten, ist die Freude und der Jubel über das Unfassbare potenziert: das Kind in Elisabeths Leib hüpft vor Freude, Elisabeth wird in dem Moment vom Heiligen Geist erfüllt und ruft als Begrüßung aus: „Gesegnet bist du unter den Frauen und gesegnet ist die Frucht deines Leibes. Wer bin ich, dass die Mutter meines Herrn zu mir kommt? Selig ist die, die geglaubt hat, dass sich erfüllt, was der Herr ihr sagen ließ" (Lk 1,44.45). Nach dieser durch den Heiligen Geist gewirkten Segnung Elisabeths kann Maria nur mit einem Lobgesang antworten: „Meine Seele preist die Größe des Herrn, und mein Geist jubelt über Gott, meinen Retter. Denn auf die Niedrigkeit seiner Magd hat er geschaut. Siehe, von nun an preisen mich selig alle Geschlechter. Denn der Mächtige hat Großes an mir getan, und sein Name ist heilig. ..." (Lk 1,46-49) Wie wahr! Maria ist in der Tat in die Heilsgeschichte mit eingegangen, sie nimmt eine Sonderstellung in der

Gemeinschaft der Heiligen ein und wird bis heute in und von den christlichen Kirchen als eine erstrangige Frau verehrt. Gleichwohl ist Maria wohl eine der vielschichtigsten Gestalten des Neuen Testaments, die auf eine ebenso facettenreiche Tradition und Frömmigkeitsgeschichte zurückblicken kann und darüber hinaus ganz eigene Spuren im persönlichen Glaubensleben vieler Menschen hinterlassen hat – und noch hinterlässt. Novalis brachte es in seinem berühmten Marien-Gedicht treffend auf den Punkt: „Ich sehe dich in tausend Bildern, Maria, lieblich ausgedrückt, doch keins von allen kann dich schildern, wie meine Seele dich erblickt." Aber warum hat Maria schon im Frühen Christentum im einfachen Kirchenvolk und unter den Theologen eine solche hohe Bedeutung erlangt? Was ist ihre Bedeutung in der Heilsgeschichte? Inwiefern ist sie für Männer und Frauen ein Vorbild im Glauben? Diesen Fragen wollen wir vor allem im Hinblick auf die Themenkreise Geburt und Jungfräulichkeit nachgehen.

1. Maria und die Geburt des Jesuskindes – im Protoevangelium des Jakobus und den legendarischen Darstellungen des Frühen Christentums

Das im 2. Jahrhundert entstandene Kindheitsevangelium „Protoevangelium des Jakobus“, das ein apokryphes Evangelium[1] ist, nahm einen großen Einfluss auf die Volksfrömmigkeit und die Mariendarstellungen der verschiedensten Künstler der vergangenen Jahrhunderte. Obwohl es von der Kirche nie offiziell anerkannt wurde, war es beim Kirchenvolk wegen seiner legendarischen Darstellungen sehr beliebt.[2] Das Jakobusevangelium erzählt die Lebensgeschichte Marias. Dort ist von ihren Eltern Anna und Joachim die Rede, von ihrer Geburt und ihrer Kindheit als Tempeljungfrau, ihrer Verlobung mit Josef, der Witwer war und Kinder aus seiner ersten Ehe mitbrachte, von seinen Zweifeln und schließlich von dem Zeugnis der Hebamme über die wundersame Geburt. Die Geburt Jesu wird dort folgendermaßen beschrieben. Die Hebamme sieht, wie eine lichte Wolke die Geburtshöhle überschattet und ein helles Licht aufstrahlt. Als sich das Licht zurückzieht, erscheint das Kind, das sodann die Brust seiner Mutter Maria nimmt. Daraufhin rief die Hebamme aus: „Wie groß ist der heutige Tag für mich, da ich dieses wunderbare Schauspiel gesehen habe.“[3] Die Geburt geschah ohne Wehen, und dies wird damit erklärt, dass die Gebärende im Augenblick der Geburt von Licht überschattet wurde. Durch die gynäkologische Untersuchung der Hebamme und der späteren Jesusjüngerin Salome sei beglaubigt, dass Maria auch nach der Geburt physiologisch jungfräulich geblieben war (EvJak 20). Das Jakobusevangelium erzählt des weiteren von der Anbetung der drei Magier, von der Flucht nach Ägypten und dem Blutbad an den Kindern Bethlehems durch Herodes. Es richtet sich somit inhaltlich gegen die im frühen Christentum kursierende Meinung, Jesus sei ein uneheliches Kind.

Kein anderes apokryphes Evangelium rückt die Person Marias, ihre Herkunft und ihr Leben so sehr ins Zentrum wie das Protoevangelium des Jakobus. Auch thematisiert es die Empfängnis und jungfräuliche Geburt Jesu, so dass es uns zugleich einen guten Einblick in die Marienverehrung der ersten beiden Jahrhunderte gibt. Sowohl in der jungen Kirche des Ostens als auch in der Kirche des Westens war es äußerst beliebt und fand im Osten sogar Einzug in die Liturgie. Das Protoevangelium hat die Kirche aber trotzdem nicht als offizielles Evangelium anerkannt und kanonisiert, weil damit der gnostischen Vorstellung Vorschub geleistet worden wäre, Jesus sei kein wahrer Mensch, sondern ausschließlich göttlicher Natur gewesen. Die Kirchenväter des 2. Jahrhunderts betonten demgegenüber, dass Jesus Christus ein wirklicher Mensch war, dass Christus – das Wort Gottes – auch tatsächlich Fleisch annahm und ein Mensch wurde. Die reale Geburt Jesu war für den Glauben und die Lehre der Fleischwerdung (Inkarnation) des Sohnes Gottes von entscheidender Bedeutung. Andererseits wiederum war es aber auch so, dass der Glaube an die jungfräuliche Geistempfängnis das Bekenntnis zur Gottheit Jesu Christi stärkte.

Die wirkliche Geburt Jesu durch seine Mutter Maria und die Betonung ihrer Jungfräulichkeit haben dann schließlich eine wichtige Funktion im Blick auf die dogmatische Definition der Person Jesu Christi. Das Konzil von Chalcedon im Jahr 451, das den Endpunkt der theologischen Streitigkeiten der Alten Kirche um die Frage, wer Jesus Christus war und wie seine Göttlichkeit mit seiner Menschlichkeit zu vereinbaren sei, definierte, dass Jesus Christus als die eine Person („hypostatische Union“) über zwei Naturen verfüge („Zwei-Naturen-Lehre“), nämlich über eine göttliche und eine menschliche Natur. Insofern war er als die eine Person Jesu Christi „wahrer Mensch und wahrer Gott“.

Die Kirchenväter des 2. Jahrhunderts haben mit ihrem Insistieren auf die wirkliche Fleischwerdung Gottes in Jesus Christus und der Jungfräulichkeit Mariens die christologischen Formulierungen jener Konzile in gewisser Weise vorbereitet. Sie wollten und mussten das Christusereignis im Blick auf die sich verbreitenden gnostischen Irrlehren in zweifacher Hinsicht absichern: einerseits musste betont werden, dass Jesus von Nazareth wirklich der Sohn Gottes war, und andererseits musste klargestellt werden, dass dieser göttliche Sohn in realiter Mensch wurde und wie wir durch eine Frau geboren worden war – auch wenn sich sein Menschsein durch einen entscheidenden Punkt von unserem Menschsein unterscheidet: „er war in allem uns ähnlich außer der Sünde“ (Hebr 4,15). Dies musste so deutlich herausgestellt werden, weil die Initiative Gottes durch die Sendung des Sohnes und die ganze Annahme des Fleisches um unseres Heils willen sonst keinen Sinn gemacht hätte. „Was nicht angenommen ist, ist nicht geheilt; was mit Gott geeint ist, wird auch gerettet“, formulierte der Kirchenvater Gregor von Nazianz. Diese Einsicht und Formulierung wurde für die christologischen Konzilien maßgeblich. Da nun das Protoevangelium die Geburt Jesu verschleiert darstellt und nur von einem aufstrahlenden Licht und dem Erscheinen des Kindes erzählt, lässt es im Dunkeln, ob sich die Geburt wirklich ereignet hat – und wenn ja, wie. Das Protoevangelium konnte somit nicht als offizielles Evangelium anerkannt werden und wurde nicht in den offiziellen Kanon des Neuen Testaments aufgenommen.

2. Maria – die Jungfrau und Gottesgebärerin als Glaubensgut und theologisches Thema der Alten Kirche

Was aber trotz alledem aus dem Inhalt des Jakobusevangeliums überdauerte, war die Vorstellung von der unverletzten Jungfräulichkeit Mariens und die besondere Bedeutung Mariens im Christusereignis. Maria und Christus gehören unabdingbar zusammen. Die Verehrung Mariens als Jungfrau und Gottesgebärerin bzw. Gottesmutter verbreitete sich rasch in den christlichen Gemeinden und wurde zum Glaubensgut der Alten Kirche. Werfen wir zunächst einen Blick auf die Jungfräulichkeitsvorstellungen im Frühen Christentum. Während der westliche Kirchenvater Tertullian (gest. um 220) den Begriff „Jungfräulichkeit" nicht auf den Geburtsvorgang bezogen wissen wollte, sondern als eine den Mann betreffende Wirklichkeit verstand – und damit ist die Enthaltsamkeit gemeint –, haben östliche Theologen wie Clemens von Alexandrien (gest. um 215) an der Vorstellung festgehalten, Jesus sei auf so wunderbare Weise geboren, dass die Jungfräulichkeit Marias unverletzt blieb („*virginitas partu*").[4] Schließlich hat der Kirchenvater Origenes (gest. um 254) die Vorstellung von der immerwährenden Jungfräulichkeit vor und nach der Geburt Jesu („*virginitas ante partum et post partum*") in die Theologie eingeführt und dabei bemerkenswerterweise den theologischen Aussagewert der Jungfräulichkeit Marias wie Tertullian auf den Mann bezogen, was nicht wundert, denn Origenes war für seine asketische Haltung bekannt. Erst Augustinus (gest. 430) hat die jungfräuliche Empfängnis Jesu als heilsnotwendig beschrieben. Im Rahmen seiner Erbsündenlehre vertrat er die Ansicht, dass Jesus, der ein sündloser und heiliger Mensch gewesen ist, *notwendig* jungfräulich empfangen und geboren werden musste, weil er die Sünde Adams zum Menschen in der geschlechtlichen Zeugung begründet sah. Augustinus verknüpfte demnach theologisch erstmals die Übertragung der Adamssünde auf den Menschen mit der geschlechtlichen Fortpflanzung. In dieser Logik musste Christus jungfräulich empfangen und geboren werden und keinen Mann zum Vater haben, weil er nicht über den Weg der fleischlichen Begierlichkeit zu den Menschen kommen konnte, um sie von der Sünde Adams zu erlösen. Dass dies eine antisexuelle Theologie und Logik ist, liegt auf der Hand. „Die asketischen Kreise nahmen daher Augustins Theorie dankbar auf."[5] Nun war die theologische Begründung „rund" und entfaltete im Blick auf die christliche Sexualmoral und das christliche Frauenbild eine enorme Wirkungsgeschichte, die in diesen Bereichen mit vielen Reglementierungen, die nicht lebensförderlich sind, für Frauen und Männer gleichermaßen einherging.

3. Maria wird dogmatisch bestimmt: Theotokos, Jungfrau und immerwährende Jungfrau als Titel der ökumenischen Konzilien der Alten Kirche

Die großen ökumenischen Konzilien des 4. und 5. Jahrhunderts beschäftigten sich schließlich ausführlich mit der Person Jesu Christi und der Formulierung eines verbindlichen Glaubensbekenntnisses für das Christentum. In diesem Zusammenhang wurde nun die Bedeutung von Maria im Christusereignis und die enge Verknüpfung von Maria und Christus erstmals dogmatisch ausformuliert. So legte das Konzil von Ephesus im Jahr 431 endgültig fest, dass Maria den Titel „Gottesgebärerin“ (griechisch: *theotokos*) beizulegen sei. Der Begriff „Theotokos“ ist schon Generationen vor diesem Konzil von den Kirchenvätern und dem Kirchenvolk verwendet worden. Er ist vermutlich am Ende des 1. Jahrhunderts im ägyptischen Alexandria entstanden. Schon die Synode von Antiochien im Jahr 324/25 hat diesen Titel in ihr Glaubensbekenntnis aufgenommen, bis er schließlich auf dem Ökumenischen Konzil von Ephesus Eingang in die offizielle Kirchenlehre fand. Mit der Beilegung dieses hoheitsvollen Titels „Gottesgebärerin“ für Maria haben die Konzilsväter festgelegt, dass Maria als „heilige Jungfrau das Wort, das aus Gott ist und Fleisch wurde, dem *Fleisch nach geboren*“ hat. Der Titel ist eine theologische Begründung dafür, dass Maria das Wort Gottes, den Sohn Gottes, wirklich geboren hat und dass dieser wahrer Mensch wurde. Damit ist zugleich ausgesagt, dass Maria Gott gebar, aber nicht selbst Gott war. Dies zu betonen, ist wichtig für den ökumenischen Dialog. Am Theotokos-Titel erweist sich die Bedeutung Marias in der Heilsgeschichte Gottes mit der Welt und die enge Verbindung zwischen ihr und der Person Jesu Christi. In der soeben zitierten Begründung der Konzilsväter wird Maria als „heilige Jungfrau“ bezeichnet. Dies ist deswegen ein Glaubensgut und Teil des christlichen Glaubensbekenntnisses, weil damit die Göttlichkeit des Jesuskindes zur Geltung kommt. Die Bezeichnung Mariens als Jungfrau war zu diesem Zeitpunkt ebenfalls schon Teil der liturgischen Marienverehrung. Gerade asketische Kreise forcierten die Rede von der Jungfräulichkeit Mariens.

So kommt es, dass die Bezeichnung „Jungfrau Maria“ im nizäno-konstantinopolitanischen Glaubensbekenntnis (381), nämlich im Bekenntnissatz „Geboren von der Jungfrau Maria“, aufgenommen wird. Dies und der Theotokos-Titel bereitet die Rede von der „immerwährenden Jungfräulichkeit“ Marias vor. Nachdem nämlich die theologischen Aussagen über Jesus Christus dogmatisch fixiert worden waren, verstärkte sich im Laufe der nächsten Jahrzehnte das theologische Interesse daran, auch die Person Maria in dogmatischer Hinsicht genauer zu bestimmen. Und hier spielte dann wieder die Frage nach der Definition der Jungfräulichkeit Mariens eine Rolle. Was ist mit der Jungfräulichkeit Mariens genau gemeint? Im Jahr 553 wird ihr auf dem II. Constantinopolitanum der Titel „immerwährende Jungfrau“ (griechisch: *aeiparthenos*) beigelegt. Dort wurde das christliche Bekenntnis zur Fleischwerdung des Wortes Gottes „aus der heiligen glorreichen Gottesgebärerin und immerwährenden Jungfrau Maria“ fixiert. Die Rede von der „immerwährenden Jungfrau“ hatte ja, wie soeben schon erwähnt, erstmals der Kirchenvater Origenes in die Theologie eingeführt. Und avancierte im Jahr 553 zu einem weiteren Marien-Titel. Wiederum hundert Jahre später im Jahr 649 legte dann die Lateransynode als verbindliche Kirchenlehre in einem Canon klar fest, dass Maria als „allzeit jungfräuliche und unbefleckte ... Gottesgebärerin“ zu bekennen sei und dass sie „das Wort, das vor allen Zeiten aus Gott, dem Vater geboren wurde, in den letzten Zeiten ohne Samen aus Heiligem Geist empfangen und unversehrt geboren hat, wobei ihre Jungfräulichkeit auch nach seiner Geburt unzerstört blieb.“ (DH 503) Wir sehen: der Titel der Gottesgebärerin und die Rede von der Jungfrau Maria sind inhaltlich nicht voneinander zu trennen. Die Bezeichnung Marias als „immerwährende Jungfrau“ und die Definition der Jungfernschaft als unverletzte Jungfräulichkeit vor, während und nach der Geburt (*„virginitas ante partum, in partu, post partum“*) spiegelt die veränderte theologische Situation und das Interesse an Maria wider. Maria fungierte nun von Seiten der Kirche als Mahnerin zur Jungfräulichkeit und Enthaltsamkeit im sexuellen Bereich. Mittels des Theotokos-Titels wird sie zum Idealbild von Frau- und Muttersein stilisiert. Aber ist damit alles gesagt? Wenden wir uns nun einer Mariendarstellung und der Deutung Meister Eckharts zu, um ein tieferes Verständnis dieser Titel in ihrer Bedeutung für unseren Glauben zu erlangen.

4. Maria, der erste Tabernakel Gottes – eine bildtheologische Annäherung

Der Titel der „Gottesgebärerin" birgt einen wertvollen Glaubensschatz in sich. Gottesgebärerin bedeutet, dass Maria der erste menschliche „Tempel Gottes" war. Maria trug in und mit ihrem weiblichen Körper den Sohn Gottes aus. Es gibt zahlreiche Marienbilder, die Maria als Gottesgebärerin, d.h. als Gottesmutter darstellen: das sicherlich häufigste Marienbild ist dasjenige, bei dem Maria als Mutter mit ihrem Kind auf dem Schoß abgebildet wird. Weitere bekannte Bilder sind der byzantinische Typus der „thronenden Gottesmutter", bei dem Maria mit dem auf ihrem Schoß sitzenden Jesuskind thront und Jesus die menschgewordene Weisheit versinnbildlicht. Die berühmte slawische Wladimirskaja aus dem 11./12. Jahrhundert ist ein ebenso bekanntes Bild. Es zeigt Maria mit dem Kind, das sie liebevoll an die Wange schmiegt und dabei in die Ferne – nach Golgotha – schaut. Die Liste könnte noch weitergeführt werden. Im Folgenden möchte ich auf eine Mariendarstellung von J. Häne eingehen, die den Aspekt der Einheit des Christuskindes mit der Gottesgebärerin besonders herausgearbeitet hat. Maria ist mosaikartig gemalt und erstrahlt in gelbem Licht. In ihrer Körpermitte, auf der Höhe des Herzens, trägt sie das kleine Christuskind *in* sich. Es sitzt dort in ihrem Zentrum als ein kleiner Knabe und strahlt in weißem Licht. Es lächelt voller Wonne und breitet die Hände in Form der Orante-Gebetshaltung aus. Der Orante-Gestus ist Ausdruck des Sich-Öffnens und der Hingabe. Auch Maria hat ihre Hände in der Orante-Haltung ausgebreitet. Ihr Kopf ist leicht geneigt, ihr Gesichsausdruck ist offen und friedlich. In der rechten geöffneten Hand empfängt sie vom Hl. Geist, der links oben im Bild als Taube dargestellt ist, einen weißen Lichtstrahl. Dieses weiße Licht korrespondiert mit dem Licht des im Zentrum sitzenden Christuskindes. Der Hl. Geist lässt diesen Lichtstrahl kraftvoll in Marias Hand einströmen. Schließlich findet er seinen Weg in ihren Körper, was wiederum mosaikartig angedeutet ist, und strömt auch dort ein. So fließt die ganze Mariendarstellung in gelbem und weißem Licht. Über Marias Kopf erkennt man einen Heiligenschein, und um sie herum ist in Form blauer Mosaiksteine, die wie Edelsteine anmuten, ein Schutzmantel gelegt. Er vermittelt Geborgenheit.

Der Künstler J. Häne hat dem Bild den Titel „Maria, der erste Tabernakel“ gegeben. Die Aussage ist klar und gibt zu denken: Maria trägt als erster Mensch das Christuskind in sich, und zwar im Zentrum ihres Seins, im Herzen. Dort strahlt das Christuskind von innen heraus, so dass Maria ganz erfüllt ist von diesem inneren Licht und der Wirklichkeit seiner Gegenwart. Das Licht des Christuskindes dringt nach außen. Auch von außen wird sie vom göttlichen Licht durchflutet – der Hl. Geist wirkt dort mit seiner Lichtkraft, so dass sein Licht wiederum nach innen fließt. So ist sie ganz durchdrungen von diesem Licht. Es ist die Gnade Gottes. Die Gebärde ihrer Orante-Gebetshaltung sagt nichts anderes aus, als dass ihre (Lebens-)Haltung reine Hingabe an Gott ist, so wie es die Haltung des Christuskindes in ihrem Innern ist. Mittels des Hl. Geistes konnte sie das Christuskind empfangen und in sich tragen. Das Christuskind und sie strahlen vor Freude.

Wenn der Künstler von Maria als dem *ersten* Tabernakel spricht, so sagt er damit indirekt, dass es auch *andere* Tabernakel gegeben hat und gibt. Gemeint sind nicht die Tabernakel aus Stein, sondern weitere Heilige, die sich ebenfalls ganz Gott hingegeben haben. Sie sind eins mit Christus geworden und haben aus dieser Kraft heraus gelebt und gewirkt. So fordert das Bild den Betrachter dazu auf, wie Maria im vollen Vertrauen in die größere Macht Gottes unser

„Ja“ zu sprechen, den Christus zu empfangen und mit all seiner Freude, die er bringt, voll zur Entfaltung zu bringen. In dieser Hinsicht scheint Maria ein wunderbares Glaubensvorbild für uns zu sein. Als erster Mensch hat sie uns gezeigt, womit alles im Glaubensleben und der persönlichen Geschichte zwischen Gott und Mensch beginnt – sie hat vorgelebt, was es mit der „neuen Geburt aus dem Geist“ (Joh 3,5) auf sich hat und was der Satz bedeutet, „nicht mehr ich lebe, sondern Christus lebt in mir“ (Gal 2,20). Maria ist der erste Mensch, der durch die Überschattung des Hl. Geistes das Christusbewusstsein empfangen hat. Sie trug es vollkommen in sich, gab ihm in sich Raum zu wachsen und brachte es schließlich zur Welt – insofern ist sie die erste Christin und uns ein Vorbild im Glauben. Diese Aussage setzt natürlich voraus, dass man die biblische Rede von Marias Geistempfängnis in einem doppelten Sinn versteht. Einerseits meint das die reale Geistempfängnis des Christuskindes, welche die physiologische Schwangerschaft und Geburt nach sich zog. Durch ihre Bereitschaft, sich dem Willen Gottes hinzugeben und dadurch eine Gabe empfangen hat, die größer nicht sein kann, hat sie eine außerordentliche Stellung in der Heilsgeschichte und in der Gemeinschaft der Heiligen. Andererseits kann man die biblische Rede von der Geistempfängnis und Geburt auch auf eine metaphorische Ebene heben und so eine tiefere Bedeutung erkennen. Und darum scheint es auch zu gehen, wenn wir die Bedeutung Mariens auf unser konkretes Glaubensleben beziehen. Es geht um nichts Geringeres als um die Botschaft, ihr nachzutun und auch heilig zu werden, weil Gott heilig ist (1 Petr 1,16). So wird die ganze Schöpfung geheiligt.

5. Gottesgeburt und Jungfräulichkeit bei Meister Eckhart

Das Thema der Gottesgeburt und der Jungfrauenschaft spielt bei Meister Eckhart (um 1260–1328) eine wichtige Rolle. Auch er versteht die Geburt des Christuskindes und Marias Jungfrauenschaft als Metapher, die eine Bedeutung für unser Glaubensleben hat und nicht nur ein einmaliges historisches Ereignis in der Heilsgeschichte darstellt. Dass die Geburt des göttlichen Sohnes als Metapher verstanden werden kann, ist nichts Neues in der Theologiegeschichte. Schon die Kirchenväter haben die Geburt Jesu Christi auch als eine Metapher verstanden und haben gesagt, dass Christus bzw. Gott im Herzen oder in der Seele des Menschen geboren werden soll. Meister Eckhart, der versierte Philosoph und Theologe, der die Kirchenväter natürlich gekannt hat, nimmt deren allegorische Auslegung der biblischen Rede von der Gottesgeburt auf und modifiziert sie in wenigen, aber wichtigen Punkten.[6] Eckhart sagt, dass die Geburt Gottes im Menschen nicht ein einmaliger Vorgang sei, sondern *ohne Unterlass* geschieht (Predigt 101)[7]. Die Geburt ohne Unterlass meint ein fortdauerndes Gebären und ständiges Neuwerden. Ständiges Gebären ist eine Tätigkeitsbeschreibung und spielt auf die intellektuelle Selbstdurchdringung des Menschen an; oder mit Augustinus gesprochen: Ständiges Gebären meint den geistigen Selbstvollzug des Menschen. In diesem geistigen Selbstvollzug stößt der Mensch immer mehr zu dem wahren Kern seines Selbstes vor: er erkennt seine Gottebenbildlichkeit und damit seine ihm eignende Gotteskindschaft. Eckhart erklärt, dass Gott seinen Sohn in uns genau so gebiert, wie er es in der Ewigkeit tut.[8] Wo geschieht aber die Gottesgeburt in uns Menschen? Sie geschieht im allerlautersten, edelsten und subtilsten Teil der Seele, sagt Eckhart. Das ist das Höchste der Seele und ist im Unterschied zu den Seelen*kräften*, die ebenfalls ein Teil der Seele darstellen und auf die Wahrnehmung der Außenwelt gerichtet sind, der geistige Grund der Seele. Der geistige Grund der Seele ist ihre Substanz, ihr Wesen – und das ist die Vernunft des Menschen, oder anders ausgedrückt: das Bewusstsein. Es gibt verschiedene Ausdrücke für den Seelengrund. Eckhart identifiziert den Seelengrund bzw. die Vernunft auch als ‚Herz der Seele'. Dies ist ein Ausdruck von Dietrich von Freiberg für den tätigen Intellekt des Menschen, den er wiederum wie Eckhart als die Substanz der Seele begriff. Seelengrund hat zudem die gleiche Bedeutung wie der Begriff Geist (*mens*), den Augustinus dafür verwendete. Er umschrieb den Geist als etwas, das vom Menschen gewusst und doch zugleich das Verborgene in der Seele ist (in: De Trinitate, Über die Trinität). Augustinus war der Ansicht, dass die Menschen selbst den Seelengrund verdecken. Sie zerstreuen sich in der Außenwelt, wodurch die Einheit mit sich selbst, die im Seelengrund liegt, auseinanderbricht. Eckhart übernimmt diese Ansicht und präzisiert, dass der Mensch mittels der natürlichen Vernunft seinen verdeckten Seelengrund (die substantiale Vernunft), also sich selbst, erkennen kann. Der Prozess der Selbsterkenntnis ist die Gottesgeburt im Menschen.

Wenn der Mensch sich selbst erkennt, dann erkennt er seine Gottebenbildlichkeit. Denn der Seelengrund ist Geist, so wie Gott Geist ist (Joh 4,24). Der Mensch verfügt über eine göttliche Disposition, eine göttliche Natur. Aus ihr strahlt das göttliche Licht. Sobald der Seelengrund erkannt ist, strahlt sein göttliches Licht in die Seelenkräfte des Menschen hinein. Das ‚Herz der Seele' bleibt unverändert, die Seele aber wird konsequenterweise überformt. Das ist die Neugeburt – die Gottesgeburt – und der Neuanfang des gottebenbildlichen Menschen. Neues Licht überflutet den Menschen, ohne Unterlass (Predigt 102) und verändert auf diese Weise auch die Wahrnehmung der äußeren Welt. Aus der Umgangssprache kennen wir das. In Lebensmomenten, in denen wir glücklich sind oder uns etwas Wunderbares widerfahren ist, sagen wir: „Die Welt erstrahlt in einem neuen Licht." Faktisch ist die Welt dieselbe geblieben, nur unser Gemütszustand ist es, der eine veränderte Sichtweise aller äußeren Erscheinungen bewirkt.

Wir halten fest: Im Seelengrund (in der substantialen Vernunft) des Menschen ereignet sich nach Eckhart die Gottesgeburt ohne Unterlass. Die Geburt kommt aber nur unter der Bedingung zustande, dass der Mensch bereit ist, sich nach innen zu wenden. Nur wenn er sich konsequent ins Innere zurückzieht und sich dem Diktat und der Unruhe der Außenwelt entzieht, kann sich die Geburt unmittelbar im Seelengrund ereignen. Eckhart macht deutlich, dass Schweigen und die Empfangsbereitschaft des Menschen in diesem Geburtsprozess wichtige Elemente sind. Nur im Schweigen geschieht die Einswerdung zwischen Gott und dem Seelengrund. Denn wenn Gott mittels des Hl. Geistes in die Seele eintritt, schweigt der Mensch automatisch. Er verhält sich rezeptiv (empfangend), hört auf das Wort Gottes und kann den Willen Gottes vernehmen. Schweigen bedeutet für Eckhart auch, dass die Gottesgeburt sich in die Dunkelheit des Selbst hinein ereignet. Der Seelengrund ist dann wie die dunkle Muttererde oder eine Gebärmutter, die den Samen in sich trägt und im Dunkeln zur Reife bringt. Die einzige Tätigkeit, die der Mensch unternimmt, ist die willentliche Bejahung, Gott zu empfangen. Die Bereitschaft zu empfangen ist somit die höchste Aktivität des Menschen bei jenem Geschehen, bei dem der Vater seinen Sohn im innersten Quell des Menschen, dem Seelengrund, gebiert (Predigt 6). „Hier ist Gottes Grund mein Grund und mein Grund Gottes Grund. Hier lebe ich aus meinem Eigenen, wie Gott aus seinem Eigenen lebt.“ Dies ist für Eckhart die Glückseligkeit schlechthin. Unter Glückseligkeit versteht Eckhart Beschenktwerden von Gabe und Geber zugleich. Glückseligkeit ist auch das intellektuelle Begreifen, dass mein eigener innigster Seelengrund über die gleiche göttliche Natur verfügt wie Gott, denn er hat durch die Fleischwerdung ja die menschliche Natur ganz angenommen und damit geheilt. Schließlich ist Glückseligkeit die Bejahung, die Gottesgeburt im Innersten zu empfangen. Diese Rezeptivität ist zugleich das oberste Wirken des Geistes. Dies ist der Moment der Einung mit Gott, und die Einheit geschieht über den Geist (Seelengrund), denn hierin sind sich Gott und Mensch qua Natur gleich. Die „nackte Substanz" Gottes, wie Eckhart sie nennt, wird vom Intellekt gefunden, aufgenommen, berührt und ausgeschöpft. Der Intellekt wiederum ist nach Eckhart der Tempel Gottes (Predigt 10). Hier, im Seelengrund des Menschen, erkennt sich Gott selbst. Oder: Der Mensch weiß nun um seine Gottebenbildlichkeit.

Die notwendige Haltung der Rezeptivität bei der Gottesgeburt hat Eckhart mit der Metapher der Jungfrau umschrieben (Predigt 2). Jungfrau ist ein jeder Mensch, von dem Jesus empfangen wird, sagt Eckhart. Es ist ein Mensch, der ohne äußere Behinderungen „im gegenwärtigen Nun frei und ledig stünde für den liebsten Willen Gottes und ihn zu erfüllen ohne Unterlass". Frei sein bedeutet für Eckhart, dass der Mensch frei ist von Ich-Bindungen, also Egozentrik. Die Egozentrik ist das Nicht-Göttliche, das rein Kreatürliche. Ledig meint, dass der Mensch frei ist von Bildern, die er sich mittels seiner Einbildungskraft – eine der Kräfte der Seele – selbst eingebildet hat oder die er im Außen (im gesellschaftlichen Leben) wahrgenommen, sie übernommen und sich unter ihr Diktat gestellt hat. Wenn es dem Menschen gelingt, sich von diesen Bildern und den Ich-Bindungen zu befreien, dann kommt er in die Lage, den Willen Gottes im Innern vernehmen zu können und ihn zu erfüllen. Ein solcher Mensch ist eine „Jungfrau" und ein „magdlicher Mensch". Jesus ist nach Eckhart ein solch magdlicher Mensch gewesen, der ledig und frei für den Willen Gottes war. In diesem Sinne war er eine Jungfrau „ohne Behinderung durch Äußeres", wie Eckhart herausstellt. Damit der Mensch Jesus empfangen kann, muss auch er Magd und Jungfrau werden, denn nur „gleich und gleich wollen sich vereinigen". Damit bezieht er sich auf ein altkirchliches Axiom des Irenäus von Lyon, das in den christologischen Konzilien angewandt wurde und lautet: „Gleiches kann nur durch Gleiches geschehen." Empfangen wird Jesus im Seelengrund, im Geiste – sie sind beide von derselben göttlichen Natur. Dort gebiert der Vater sein ewiges Wort ohne Unterlass, und dort ist „herzliche Freude und so unbegreiflich große Freude, dass niemand erschöpfend davon zu künden vermag“. Auch in diesem Zusammenhang beschreibt Eckhart mit anderen Worten die Glückseligkeit jenes Momentes, in welchem der Seelengrund sich mit Gott vereint. Er erhält Gottes Gabe und wird ein „fruchtbares Weib“, das in Einheit mit Gott „mitgebärt“. Eckhart legt hier dem Seelengrund in altdeutscher Sprache ausgedrückt die Metapher „Weib“ bei. Heute würden wir „Frau“ sagen. Des Menschen Seelengrund bzw. Geist soll also nicht nur Jungfrau bleiben – im Status der Rezeptivität verharren –, sondern eine reife Frau bzw. Weib werden, ebenso fruchtbar werden (oder gebären), wie Gott es tut, und sogar zusammen mit ihm gebären. Der Mensch wird so ein schöpferischer Mensch. „Dass der Mensch Gott in sich empfängt, das ist gut“, sagt Eckhart, und in dieser Empfänglichkeit ist er Jungfrau. „Dass aber Gott fruchtbar in ihm werde, das ist besser; denn Fruchtbarwerden der Gabe, das allein ist Dankbarkeit für die Gabe, und da ist der Geist Weib in der wiedergebärenden Dankbarkeit, wo er Jesum wiedergebiert in Gottes väterliches Herz.“

Wir sehen: Eckhart beschreibt mit der Metapher der Jungfrau nichts anderes als die mystische Vereinigung der menschlichen Geist-Seele – der jungfräulichen Braut – mit dem Bräutigam Jesus. Sie gehören zusammen und werden dadurch vereinigt, dass sich Gott in den Seelengrund bzw. den Geist hinein gebiert. Die Einheit von Braut und Bräutigam bringt herzliche Freude, Glückseligkeit hervor. An diesem Punkt endet das rein Kreatürliche im Menschen, denn nun erfüllt Gott den ganzen inneren Raum des Seins und formt den Menschen von innen her um. Die gottebenbildliche Natur im Menschen entfaltet sich durch den von Gott erfüllten Geist. Dann kehrt auch der Wille des Menschen zurück „zu seinem ersten Ursprung“ und steht wieder da „in seiner rechten freien Art“ (Predigt 6). Der Mensch ist frei, denn er hat den Eigenwillen zugunsten des göttlichen Willens aufgegeben. Und das ist etwas, was Maria mit ihrem „mir geschehe nach deinem Wort“ gelebt hat. Sie hat gezeigt, was es heißt, in eine theonome Seinsbestimmung einzuwilligen und darin ein tätiger und glückseliger Mensch zu werden.
Der Freiheitsphilosoph Johann Gottlieb Fichte hat in seinen „Anweisungen zum seligen Leben“ (1806) genau diesen Übergang von der Autonomie zur Theonomie in ganz ähnlicher Weise umschrieben.

Der Mensch kann im Laufe seines Lebens verschiedene Entwicklungsstufen durchmachen. Zunächst geboren als rein heteronomes Wesen, das abhängig ist von der Hilfe und Weisung anderer Menschen, erwacht in ihm sein Eigenwillen. Er kann Ich sagen und gerät dadurch aber leider in Gefahr, egozentrisch zu werden. Der Eigenwille hat aber auch ganz praktische Bezüge. Er ist der Antrieb, zu leben, zu handeln, die Welt zu entdecken. Das ist die Stufe der Autonomie. Hier weiß der Mensch um seine Freiheit und weiß, dass er mithilfe der Freiheit sein Leben und seine Beziehungen gestalten kann. Die dritte Entwicklungsstufe des geistigen Lebens ist die Stufe zum wahren Selbstsein. Der Mensch gelangt in der Entwicklung seines Selbst zunehmend zu einer ethisch-religiösen Klarheit. Das Ich sieht sein wahres Selbst immer klarer, beginnt zu erkennen, was es ist, was es in Liebe begreifend umfasst und was es sein will. In diesem Prozess überwindet das Ich das endliche Selbst – Meister Eckhart würde sagen „das kreatürliche Sein". Hier verzichtet das Ich auf das autonome Eigenstreben und den Eigenwillen zu einer hedonistisch verstandenen Selbstverwirklichung. In einem höchsten Akt der Freiheit verleugnet das Ich sich selbst, erfährt den Willen Gottes und wird eins mit ihm. Das ist die Theonomie, und das ist die Einwilligung Marias in dem „Mir geschehe nach deinem Wort" – in einem höchsten Akt der Freiheit war sie bereit, auf ihren Eigenwillen zu verzichten. Theonomie bedeutet, dass sich der Mensch fortan nicht mehr von seinem Eigenwillen bestimmen lässt, sondern von dem Willen und der Liebe Gottes. Hier entsteht eine höhere Ethik der Hingabe, und sie besteht darin, dass das zur Freiheit erwachte Ich in einem höchsten Akt der Freiheit dem Willen Gottes Raum gibt und sich aus dieser Quelle heraus frei verschenkt und in Liebe hingeben kann. Fichte redet somit keiner unmündigen, naiven und blinden Folgsamkeit das Wort, sondern denkt das sich liebende Verschenken unter der Voraussetzung von Freiheit. Auf dieser Stufe begreift der Mensch auch, dass Gott der Grund seines Selbstseinkönnens und seiner Individualität ist. Denn dies ist der Punkt der Selbsterkenntnis, an dem sich das Ich als ein von Gott gesetztes einzigartiges Bild Gottes begreift, und begreift, dass es eine göttliche Disposition in sich trägt. Er erkennt sich als ein Ebenbild Gottes an. Er versteht zugleich, dass Gott sich auch in anderen Personen abbildet und erscheint. Folglich sind auch die anderen Personen als von Gott geschaffene Ebenbilder Gottes zu achten und anzuerkennen. Schließlich wird dem Ich klar, dass sich seine Gottebenbildlichkeit praktisch realisiert. Und hiermit sind wir wieder bei Meister Eckhart angelangt. Der Mensch, so Meister Eckhart, wird aus der Dankbarkeit für diese Gnadengabe der Gottesgeburt ohne Unterlass im Innersten ein für Gott fruchtbarer Mensch, der seine Werke aus dieser göttlichen Quelle tut – ohne zu fragen, warum (Predigt 6).

6. Maria – für Frauen und Männer gleichermaßen wichtig

Der Tiefenpsychologe C. G. Jung wies darauf hin, dass im christlichen Gottesbild die Weiblichkeit verdrängt worden ist. Das Glaubensbekenntnis spricht von Gott-Vater und dem Sohn. Die Rede von und über Gott beruht überwiegend auf männlichen Denkstrukturen: Gott wurde mit Eigenschaften dargestellt, die Männlichkeit bzw. Väterlichkeit symbolisieren, z. B. das „väterliche" Tun Gottes, wie es im Alten Testament beschrieben wird. Die weiblichen Aspekte und Eigenschaften wurden kaum thematisiert. Meister Eckhart hat beispielsweise einen weiblichen Aspekt thematisiert, wenn er sagt, Gott gebiert seinen Sohn. Das Übergewicht an männlichen Eigenschaften hat auch die Theologische Frauenforschung problematisiert und weibliche Metaphern und Eigenschaften Gottes, die biblisch belegt sind, in die Theologie eingespeist.

Jung sprach sich für eine Öffnung zum Weiblichen hin aus, weil es der menschlichen Seele zur Integrität verhelfe. Das Weibliche muss ebenso im Gottesbild integriert sein, damit die männlich-weibliche Ganzheit hergestellt ist. Denn die Verdrängung des Weiblichen aus dem Gottesbild ist psychologisch betrachtet nicht gut. Jeder Mensch bedarf des Väterlich-Männlichen und des Mütterlich-Weiblichen gleichermaßen. Dies deswegen, weil Jung davon ausging, dass es in der Seele eines jeden Menschen einen männlichen und weiblichen Archetypus, die Anima und den Animus, gibt. Anima und Animus wirken sowohl in positiver als auch negativer Weise auf das Ich. Positive Seiten kommen zur Geltung, wenn die unbewusst wirkenden Archetypen ins Bewusstsein gehoben sind – dies ist allerdings ein lebenslanger Prozess, wie Jung einräumte. Ist die Anima oder der Animus nicht ins Bewusstsein gehoben, projiziert der Mensch diese Anteile nach außen. So können sie ihre negative Wirkung für das Ich und andere Menschen entfalten.

Maria ist die Projektionsfläche der weiblichen Anima, die hauptsächlich bei Männern unbewusst und unterdrückt ist. So erklärt es sich, dass Maria im Glaubensleben vieler Männer eine wichtige Person ist. Solange aber nur projiziert wird, bleibt die eigene psychische Weiblichkeit, die sich in einem empfangenden, sanftmütigen und mitfühlenden Aspekt ausdrückt, unterentwickelt. Dabei käme es aber darauf an, so Jung, die „in tausend Bildern" nach außen projizierte Maria, von der Novalis sang, von jener inneren Maria zu unterscheiden, „wie meine Seele sie erblickt". „Maria" würde dann mehr und mehr zu einer Seelenhaltung der Milde (u. ä.) werden.

Nichtsdestotrotz hat Maria aber, so stellte Jung fest, im Katholizismus einen sehr wichtigen Ausgleich zur fehlenden Weiblichkeit im Gottesbild hergestellt. In das männlich-väterlich dominierte Gottesbild wird über die Gottesmutter Maria der mütterlich-weibliche Aspekt ins Gottesbild integriert. Über sie findet auch eine Integration des Weiblichen in die westliche Kultur statt, die viele Jahrhunderte von der patriarchalen Logik geprägt war.

Warum ist Maria für Frauen so wichtig? Die Katholische Kirche war sehr bemüht, die besondere Position Mariens herauszustellen und ein Gegenbild zu Eva zu schaffen. Mit Hilfe der Dogmen, die ja ausschließlich von Kirchenmännern formuliert worden waren, wurde ein Idealbild von Frau-Sein gefestigt, das klare sittlich-moralische Normen für Frauen aufzeigt. Frauen sollten sich an der Keusch- und Reinheit Marias orientieren. Demgegenüber haben in den letzten Jahren viele Theologinnen, die es sich zur Aufgabe gemacht haben, Maria aus einem genuin weiblichen Blickwinkel zu betrachten, gesagt, dass die Fixierung auf die Jungfrauengeburt eine Verengung der Person darstellt. Sie haben deshalb herausgearbeitet, was es für Maria in ihrem damaligen gesellschaftlichen Kontext bedeutete, schwanger zu werden, ohne verheiratet zu sein, oder Mutter eines Sohnes zu sein, der in ihrer Heimat soviel Aufsehen erregt hat – sowohl positiv als auch negativ. Die Theologinnen haben Maria mehr in ihrem Facettenreichtum gesehen, zum Beispiel, dass sie sich mit ihrem Lobgesang, dem Magnificat, als Prophetin erwies oder die mitfühlende Geborgenheit Elisabeths in den ersten drei Monaten ihrer Schwangerschaft bedurfte und sie aufsuchte.[9]

In dogmatischer Hinsicht hat der weibliche Blick auf Maria gezeigt, wie bedeutungsvoll das Dogma der Inkarnation (Fleischwerdung Gottes) ist – sagt es doch auch, dass der menschliche Körper voll und ganz von Gott angenommen worden ist. Genau dies hat zuerst ein weiblicher Körper, nämlich derjenige von Maria, durch eine Schwangerschaft erfahren dürfen. Das will heißen, dass jeglicher weibliche Körper, der in der Geschichte der Theologie und Kirche lange als Quelle der Sünde betrachtet worden war, ein für alle Mal gerechtfertigt worden ist. Insofern ist das, was Maria widerfuhr, der Beginn der Rehabilitierung von Frauen und des weiblichen Körpers in der Geschichte zwischen Gott und Mensch. Nicht nur der weibliche Körper ist von Gott ganz angenommen, sondern mit ihm auch die ganze Erde – versteht man Weiblichkeit wiederum als eine Metapher für Materie, wie es in der Geistesgeschichte seit Jahrhunderten getan wird („Mutter Erde"). Von daher wird auch verständlicher, weshalb Maria in der Offenbarung des Johannes eine solch große Rolle spielt: Sie ist die Frau, die aus dem Himmel herabkommend den Messias gebiert (Offb 12), der die Erde erretten soll und wird. Sie ist aber nicht nur „Matrix der Schöpfung" des Messias. Ihre Rolle in der Heilsgeschichte ist unweigerlich verbunden mit der Einläutung der Neuschöpfung von Welt und Mensch, die von Mitgefühl und Sanftmut geprägt sein wird.

Johanna Domek OSB

MARIENFRÖMMIGKEIT ALS BEGEGNUNG UND LERNWEG GLÄUBIGER LEBENDIGKEIT

Inspirationen im Leben geschehen dort, wo wir in eine Begegnung geraten, eine Begegnung, in der wir uns mit einem Anderen in Manchem verstehen, in der wir uns aber auch von einem anderen Menschen unterscheiden, in der scheinbar oder wirklich einander fremde Töne zum Klingen kommen. Das ist im Raum der Spiritualität nicht anders als sonst im Leben.
In dieser Weise kann auch der Dialog im geistlichen Leben über Generationen und Epochen hinweg äußerst fruchtbar sein. Nicht dass wir genau Gleiches sagen, in Sprache oder Inhalt, ist das notwendige Kennzeichen des ehrlichen Dialogs, sondern vielmehr dies, dass wir uns zu einem geistlichen Thema im Kontext unserer Zeit und unseres eigenen Lebens ehrlich begegnen und, indem wir den Andern dabei sehen und ein Stück weit erkennen, zugleich auch unser Eigenes besser erkennen und verstehen. So kann der Dialog über die Zeiten hinweg sehr

fruchtbar werden, auch im Blick auf die Wege, die wir heute menschlich und geistlich zu gehen haben. Das gilt auch für die Marienfrömmigkeit, von der hier die Rede sein soll.

Ab dem 4. Jahrhundert formte sich die Verehrung Mariens immer deutlicher aus in der Christenheit. Dabei ist Mariologie immer christusbezogen. Jede Epoche hat ihr Marienbildnis in je eigener Weise gezeichnet und der Verehrung den ihr gemäßen Ausdruck hinzugefügt. Wie sollte es auch anders gehen? Frömmigkeit und Theologie leben in den jeweiligen Lebensverhältnissen, sie sind – ganz konkret verstanden – nie verhältnislos. Soll der Ausdruck einer Frömmigkeit authentisch sein, wird ihm auch immer etwas „Verhältnismäßiges“ eigen sein müssen. Die romanische Marienfigur steht so anders da als die der Gotik zum Beispiel oder die des Barock und will doch dieselbe Mutter Jesu, Maria, zeigen und den sie Anschauenden nahebringen. Ich will in ihnen allen die Schönheit und das je Echte sehen, nicht um dies zu imitieren, sondern um meine Frömmigkeit offen inspirieren zu lassen zu ihrer nun echten Gestalt. Nicht alles muss übernommen werden, nein, und das nicht ehrlich Nachvollziehbare muss nicht vollzogen werden, – wohl aber will ich imstande sein, ihm zu begegnen.

Zeugnisse

Wie verschieden die Wege zu Maria, der Mutter Jesu, sind, belegen auch die nachstehenden Zeugnisse einiger Schwestern aus Klöstern der Benediktinerinnen vom Heiligsten Sakrament. Es ist schon einige Jahre her, da habe ich sie gebeten, auf die Frage zu antworten: Hat Maria eine Bedeutung für meine Frömmigkeit? Wenn ja, seit wann und welche?
In den hier ausgewählten Texten der Schwestern spiegelt sich teilweise, wie sich Lebensverhältnisse in dieser Zeit und mit diesen auch manche Zugänge verändert haben. Wollte man einen Textvergleich über Jahrhunderte zu diesem Thema erstellen, würde das noch deutlicher. Aber Maria ist in irgendeiner Weise für alle diese Schwestern ein Thema, eine Beziehungsgestalt geworden. Das ist ein roter Faden durch die Zeugnisse vieler Jahrhunderte.

Maria ist für mich eine Selbstverständlichkeit, sie ist einfach da. Es gibt in meinem Leben keinen Fixpunkt, an dem ich sie irgendwie herausragend festmache. Es war meine eigene Mutter, die die Gottesmutter in mein kindliches Leben einführte. Ich wuchs heran mit den frohmachenden Verehrungsformen meiner Zeit.

Prägend wirkte sich wohl auch die Kriegszeit aus in den Jahren des Heranreifens. Als mein ältester Bruder schon Anfang des Jahres 1940 im Krieg gefallen war, trat das Bild der Schmerzensmutter in den Vordergrund, verstehend durch das Leid der Eltern. Ein spezifischer Aspekt der Marienverehrung bildete sich bei mir jedoch nicht aus. Wenn ich mich im persönlichen Gebet an Maria wende, dann stellt sich ein vertrauensvolles, mitunter zärtliches Gefühl ein, so wie ich es meiner eigenen Mutter gegenüber empfand, einfach gesagt: Geborgenheit und Vertrauen in ihre Fürsprache bei Gott.

Sr. Mechtild Becker OSB, geb. 1925, Trier-Kürenz

Mein Verhältnis zur Gottesmutter ist so schlicht und einfach, dass ich kaum etwas dazu zu sagen, geschweige darüber zu schreiben weiß.
Das Vertrauen zur Mutter unseres Herrn wurde mir geradezu in die Wiege gelegt. In meinem Elternhaus hing eine große Ikone der Mutter Gottes von der „Immerwährenden Hilfe", vor der Tag und Nacht ein Licht brannte. Das innige Verhältnis zwischen der Mutter und dem Kind, die Güte und Geborgenheit, die das Bild ausstrahlte, haben sich mir tief eingeprägt.
Marienverehrung war in meinem Elternhaus eine Selbstverständlichkeit. Maialtar und Wallfahrten ge-

hörten zu unserem Leben. - Als ich mit 15 Jahren meiner Mutter erklärte: „Ich kann nicht mehr glauben", antwortete sie spontan und unbefangen: „Sag es der Gottesmutter; sie hat auch vieles glauben müssen, ohne es zu verstehen; sie wird dir helfen." An diesen Rat habe ich mich später noch oft erinnert. Und als ich im Kloster das Bild der „Gottesmutter vom Guten Rat" entdeckte, war es mir gleich sympathisch; seitdem ich Leitungsverantwortung übernehmen musste, hole ich mir oft bei ihr Rat und Hilfe.

Maria ist für mich das Vorbild der Diskretion, der Bescheidenheit und der Treue. Sie trat in ihrem Leben nie hervor; die wenigen Stellen von ihr in der Heiligen Schrift bezeugen das. Aber in bedrängenden Situationen war sie mit ihrer helfenden Liebe zugegen, einer Liebe, die verwundbar ist, die mitträgt und mitleidet ohne viele Worte, wie es Guardini sagt: „Das ganze Leben Jesu wird von der Nähe seiner Mutter umfangen. Das Stärkste war ihr Schweigen." Sie lehrte mich das Schweigen als wichtige Voraussetzung für das Gespräch mit Gott.

Maria ist beispielhaft in ihrer Treue. Sie sprach ihr „Fiat" in der hellen Stunde der Verkündigung – sie trug es ihr Leben lang durch bis unter das Kreuz. Bei Trauer und Enttäuschung, im Geplagtsein des Alltags, geht für mich von der Pietà Trost und Stärke aus, und sie macht mich zugleich sehend für die Not der anderen. Sie ist die Mutter des Sohnes Gottes, das ist ihre Würde; sie ist auch meine Mutter, und als solche verehre ich sie mit großem kindlichem Vertrauen. Daran haben alle theologischen Reflexionen nichts geändert.

M. Mechtilde Stöckmann OSB, 1926 - 2002, Kloster Kreitz

In meinem Zimmer steht eine schöne, holzgeschnitzte Marienstatue aus Indonesien, die ich zur Silberprofess geschenkt bekam. Wenn ich ins Zimmer komme, kann ich sie nicht übersehen, ich liebe diese Statue sehr.
Bei ihr liegt auch ein kleiner Zettel mit den Namen von Jose Alberto und Jose Carlos, zwei Straßenkindern aus Brasilien, die ich ganz Maria anvertraue. Auch ein Foto von meinen Eltern steht dort. An meinen Eltern, besonders meiner Mutter konnte ich eine tiefe Beziehung zu Maria erkennen. Schon früh wurde Maria für mich ein lebendiges und konkretes Vorbild.
An Maria kann ich mich im Glauben orientieren. Wir sollen ja leben, wie Jesus gelebt hat, und lieben, wie Jesus geliebt hat. Das kann ich am besten von Maria lernen. Bei Mk 3,31-35 heißt es: „Wer den Willen meines Vaters erfüllt, der ist für mich Bruder, Schwester und Mutter."
Ganz einfach will ich hinschauen und hören, was Gott mir im gegenwärtigen Augenblick sagen will. Diese

Einfachheit bedarf der lebenslangen Einübung. Diese Einfachheit des Herzens kann und möchte ich von Maria lernen.
Mit Jesus zu leben, heißt zugleich, mit Maria zu leben. Egal in welcher Situation ich mich befinde, mit Jesus und Maria kann ich immer verbunden sein, und darauf kommt es mir an.

Sr. Pia Ficker OSB, geb. 1936, Köln

Aufgewachsen in einer nicht praktizierenden katholischen Familie, hatte Maria in meiner Kindheit und Jugendzeit keine Bedeutung für mich. Auch als mir im Alter von 15 Jahren der Glaube an Jesus Christus geschenkt und die Feier der Eucharistie mir sehr wichtig wurde, fand ich noch lange keine Beziehung zu Maria. Diesen von mir durchaus erkannten Mangel an katholischer Frömmigkeit begründete ich vor mir selbst und anderen mit der Erklärung: Ich glaube an Jesus Christus und liebe Ihn. Maria ist nicht so wichtig. Wozu den Umweg über Maria, wenn ich schon zu Jesus gefunden habe?
Das blieb auch in meinen ersten Klosterjahren so. Zur Marienfrömmigkeit alter Schwestern fand ich keinen inneren Bezug. Das änderte sich erst allmählich, als mir das Jesus-Gebet, das Herzensgebet und seine ostkirchliche Überlieferung bekannt und vertraut

und wegweisend wurde. Maria als erste Beterin und Lehrmeisterin des Herzensgebetes, Maria als Mutter des Wortes und Namens Gottes, die zuerst das Wort Gottes in ihrem Herzen erwog, bevor sie Es in ihrem Schoß trug, wurde und ist mir lieb und wichtig, und sie ist mir Gefährtin, Mittlerin und Mutter auf meinem Weg mit Jesus geworden.
Von daher erschlossen sich mir auch die westlichen Überlieferungen marianischer Frömmigkeit und Gebete, weil mein Herz nun offen und frei dafür war. Durch Maria ist meine Frömmigkeit reicher und wärmer und stiller geworden, gerade auch in meiner Christusbeziehung.
Für mich wäre die klassische Formel so umzuformulieren: Von Jesus zu Maria und durch Maria noch näher zu Jesus.

Francesca, geb. 1963, ehemalige Schwester in Köln

In meinen Kindertagen kam ich schon mit der Marienfrömmigkeit in Kontakt. Maiandachten, Rosenkranzgebet mit der Oma und ein Maialtärchen, an dem man abends betete, waren mir sehr vertraut. Trotzdem kann ich nicht sagen, dass ich als Kind oder Jugendliche eine besondere Beziehung zu Maria hatte. Das sollte sich aber mit meinem Klostereintritt vor zwei Jahren ändern. Ich lernte Menschen kennen, für die

Maria eine große Bedeutung hatte, für die sie Wegbegleiterin war. Ganz langsam fing ich an, mich mit Maria zu beschäftigen. Das wurde für mich ein großes Geschenk. Ich schaute gezielt in der Bibel nach, was ich über Maria finden konnte. Zwei Stellen sprachen mich besonders an, und ich setzte mich intensiv mit ihnen auseinander.

Die erste Stelle (Lk 1,26-38) schreibt von der Verkündigung des Herrn an Maria. Ich war erstaunt, wie Maria „ja“ sagte zu dem, was ihr der Engel mitteilte. Sie wusste doch sicherlich, dass das eine ganze Menge Schwierigkeiten mit sich brachte. Für mich ist dies ein Ausdruck ihrer Liebe und ihres Vertrauens zu Gott. Nur wenn ein Mensch wirklich und mit ganzem Herzen Gott liebt und ihm vertraut, kann er in einer solchen Situation „Ja“ sagen.

Die zweite Stelle (Joh 19,25) zeigt uns Maria unter dem Kreuz ihres Sohnes. In diesem Moment wird sie sicherlich von Gott ganz herausgefordert. Sie läuft aber nicht weg. Obwohl sie weiß, dass ihr Sohn nun stirbt und sie verlässt, hält sie stand. Ihr „Ja“ gilt auch in diesem Moment. Maria ist mir da zu einem Vorbild geworden. In meinem Leben gibt es oft Situationen, in denen ich mich ganz schön von Gott herausgefordert fühle, wo ich weiß, dass ich einfach nur im Vertrauen und aus Liebe handeln kann und muss. Maria kann

mir dann zeigen, wie das geschehen kann. In solchen Momenten bitte ich sie um Kraft und Beistand.
Maria führte ein Leben, in dem sie sich ganz für Gott entschied. Sie lebte das mit allen Konsequenzen und im Blick auf Gott. So kann ich von ihr lernen, was es heißt, ein Leben zu führen, das ganz auf Gott ausgerichtet ist.
Maria ist mir da Wegbegleiterin geworden. Ich bitte sie, Fürsprecherin für mich zu sein, dass es auch mir gelingt, mein Leben immer mehr auf Gott auszurichten.

Sr. Cornelia Holzamer OSB, geb. 1966, Köln

Meine eigene Beziehung zu Maria hat sich gewandelt im Maß der Begegnung, je wirklicher die Begegnung wurde, umso wirklicher und hilfreicher wurde die Frömmigkeit.
Wenn man, wie ich, in einem Dorf im Rheinland aufgewachsen und katholisch sozialisiert worden ist, gehören manche Dinge einfach dazu und brauchen ein Leben lang nicht mehr erklärt zu werden, Maialtar und Weihrauch zum Beispiel. Genauso gehörte Maria dazu und der Rosenkranz. Aber, was einfach dazugehört, wird meistens auch nicht übertrieben und besonders reflektiert. Und selbst, was tief geht, wird im Kontext des Ganzen dann doch nicht zu wichtig genommen. Man lebt vielleicht damit wie mit dem Klima, mit etwas, das ungefragt da ist.

Am Ende meiner Kindheit habe ich das alles, so entschieden, wie es mir möglich war, mit dem Gottglauben zusammen abgelegt. Als ich diesen wieder fand und er die maßgebliche Größe für mein Leben wurde, war Maria mit dabei, aber wirklich wichtig war sie mir nicht. Ich lernte manches über sie dazu, machte mir Gedanken über sie, aber wirklich begegnet waren wir uns lange nicht. So blieb mein Erfahren in diesem Bereich nicht ungläubig, aber doch irgendwie etwas flach und kopflastig.

Jahre später nahm mich eine Freundin mit in einem Krankenpilgerzug nach Lourdes. Das war ein Geschenk! Ich saß oft an der anderen Seite des Flusses und sah auf die Grotte und die Marienfigur und die Menschen, die dorthin kamen. Da habe ich Marias Ausstrahlung gespürt und mit allen Sinnen aufgenommen. In Lourdes ist alle Frömmigkeit elementar und in einer sinnlichen Weise geistvoll: Stein und Wasser, Licht und Erde, Glauben, Hoffen, Lieben und Leiden, Mensch und Gnade. Mir öffnete sich eine Tür in einen inneren Raum, in dem ich mich gerne aufhielt. – Mein ehrliches Lernen von Glauben und Leben in der Nachfolge Jesu, in der Schule Mariens, wie sie mir die Evangelien zeigen und wie sie durch die Tradition zu mir gekommen ist, hat seitdem eine größere Wärme und Schlichtheit bekommen.

Aber dann hat sich eines Tages noch einmal etwas geändert, und Wärme und Schlichtheit haben eine existenzielle Tiefe gewonnen, die ich nicht mehr missen möchte. Als ich in einer großen persönlichen Not war, wollte ich am Nachmittag, um nicht allein zu bleiben und in abgründige Gedanken abzustürzen, mit anderen Schwestern in der Kirche den Rosenkranz beten. Auch wenn ich selten daran teilnahm, wusste ich, dass sie das mittwochnachmittags immer taten. Aber ich wusste nicht, dass sie das nicht taten, wenn in einer Woche ein Muttergottesfest anstand. Da saß ich mit meiner Not und kein Mensch kam. Und ich dachte nichts. Und ich wartete nur. Und plötzlich rief meine Seele – die sich nicht darum kümmerte, dass ich gar kein Italienisch kann – *mama mia.* Mit diesem Schrei und Wort aus der Tiefe ist die ganze Beziehung zu Maria für mich anders geworden. Jeden Tag ist sie mir wichtig, und jeden Tag bin ich froh darum. Nicht dass sich inhaltlich etwas geändert hätte und Neues wahr geworden wäre. Es liegt nicht an neuen, heiligen Inhalten, es liegt an einer neuen, lebendigen Beziehung.

Nach wie vor fließen aus der damals aufgebrochenen Wirklichkeit viel Licht und eine ruhige Freude in mein Leben und darüber hinaus, für die ich von Herzen dankbar bin.

Bei Maria lernen

Bei allem, was Jesus selbst schenkt, was ich bei ihm selbst lernen kann, so kann ich Jesus nachzufolgen, doch eher bei denen in ausgezeichneter Weise lernen, die ihm nachgefolgt sind. So will ich zu Maria sehen, das Geheimnis ihres Lebens und ihrer Nachfolge anschauen, um es zu entziffern und für mein Leben verstehen zu lernen. Immer lernen wir ja fürs eigene Leben. Dabei ist unser Lernen meist nicht die Sache eines Augenblicks, sondern ein mitunter langer Lernprozess, ein Weg, den wir schritt-weise zu gehen haben.
Ich habe die neutestamentlichen Stellen gelesen, in denen uns Maria gezeigt wird, ganz langsam Bild um Bild angeschaut, weniger um zu sehen, was geschieht, sondern mehr um zu verstehen, was die jeweilige Haltung dieser Frau ausmacht und ihr Wesen kennzeichnet in dem, was da geschieht. So unendlich verschieden kann man auf alles reagieren, das liegt am Wesen und der Haltung eines Menschen. Es geht darum, die inneren Haltungen Mariens wahrzunehmen, zu verstehen und davon zu lernen. Früher sagte man dazu: in die Gesinnung Mariens hineinwachsen. Damit ist im Grunde sehr gut gesagt, worum es mir hier geht. In die Gesinnung Mariens hineinwachsen

als Frau, als Schwester unter Schwestern in der Kirche und Welt von heute, auf dem je eigenen Lebensfeld, mit der je eigenen Wesensart und Berufung. Dies zu tun, ist zweifellos ein Weg, innerlich, geistlich und menschlich reifer zu werden.
Noch etwas anderes scheint mir wichtig. Man kann ja viel **von** einem Menschen lernen, aber die wichtigen Dinge (es geht da um meist ganz unauffällige Wirklichkeiten) lernt man nicht bloß **von**, sondern **bei** einem Menschen, nicht theoretisch und in Distanz, sondern in Beziehung und einer Form von Nähe.

Lk 1,26-38: Es ist die heilsgeschichtlich dichte Szene der Verkündigung des Herrn. Gottes Engel bringt Maria die Botschaft, die alles Begreifen übersteigt. Und Maria fragt: „Wie soll das geschehen?“ Ich will mit Maria fragen lernen nach dem, was denn geschehen soll und wie es nun gehen soll in meinem Leben, in seinen Aufgaben, in dem ihm Anvertrauten. Und dann, nach solchem Fragen, will ich bei ihr lernen, meine Antwort und mein „Ja“ zu wagen und zu sagen zum Heilswillen Gottes, der in jedem Leben, zu jeder Zeit, alle Tage lang etwas ganz Konkretes ist. Hilf mir, Maria, es ist Zeit ...

Oh, wenn ich doch heute so empfänglich wäre für das Leben und Gott den Lebendigen, den Heiligen Geist und seine Boten für das, was von Gott her auf mich zukommt und mich meint und will und meine Antwort erwartet – so oder so.

Oh, wenn ich doch heute in Gottes Gegenwart und meinem Leben meine Fragen wüsste und sie zu stellen wagte.

Oh, wenn ich doch heute hören würde, was wichtig ist und was nicht so wichtig ist und was eher stört – dich hören würde, oh Gott, inspirierend, provozierend, befreiend und befruchtend.

Oh, wenn ich doch heute, ohne noch zu zögern, und für heute die Antwort geben würde, die Wunder in Gang setzen kann und Gottes heiligem, heilendem Wirken Raum gibt, den Raum unterm Herzen, in dem das Leben heranwächst.

Heilige Maria, bitte für mich.[1]

Lk 1,39: Es heißt, dass Maria, nachdem sie der Engel verlassen und mit dem Unerhörten allein gelassen hat, übers Bergland eilt zu Elisabeth.

Da trägt sie Jesus als wachsendes Leben in ihrem Leib. Auch ich will lernen, Jesus zu tragen durch all die Höhen und Tiefen, über all die Hügel und das Bergland meines Lebens, so wie er von mir, in meinem Herzen getragen sein will. Mit ihm im Herzen will ich auf den je anderen Menschen zugehen, ihn begrüßen und bei ihm bleiben, wie es denn angemessen ist, wie Maria bei Elisabeth blieb (Lk 1,56). Und ich will Gott preisen für sein Wirken, auch wenn ganz viel unabsehbar bleibt. Hilf mir, Maria, es ist Zeit ...

Lk 1,46-55: Im Lukasevangelium finde ich das Magnificat, den Lobgesang Marias, in dem sie den Gott der Generationen ihres Volkes vor ihrer eigenen Zeit preist, der seinen Verheißungen treu ist, der sich erbarmt, der Heil wirkt, der auch in ihrem Leben Heil wirkt. Wann habe ich das letzte Mal aus tiefstem, eigenem Herzen Gott gedankt, den lebendigen Gott gepriesen? Wie steht es um unser Wahrnehmen von Gottes Wirken, das geschah und das geschieht auch an mir und den Meinen und immer auch darüberhinaus, und das gar nicht immer nur die vermeintlich hellen Seiten des Lebens meint und ausmacht ...? Hilf uns, Maria, es ist Zeit ...

Lk 2,6: Es wird uns gesagt, dass Maria Jesus in diese Welt hineingebiert. Sie hat ihn leibhaftig ausgetragen. Anders als sie muss ich das tun. Aber ich will doch bei ihr lernen, wie das geht, das „Austragen". Bei ihr will ich lernen, das, was da in meinem Leben von Gott her wachsen und leben soll, auszutragen in der dem Leben nötigen Stille – in diese Welt hinein. Diese Welt braucht so sehr die stillen Kräfte des Lebens, die sich nicht in Aktionen verschleißen, die sich nicht verpulvern und zerfleddern lassen, sich nicht ständig überheben und aufblähen, sondern es tragen, durchtragen und ohne Aufhebens austragen. Hilf mir, Maria, es ist Zeit ...

Kein Mensch ist jemals allein zur Welt gekommen. Wir alle sind zur Welt „gebracht" worden, von einer Frau, die uns unter Schmerzen geboren hat, die bereit war, das für unser Leben zu tun, ohne zu ahnen, was noch kommt.
Das ist so natürlich, das geschieht so oft, dass daran nichts Außergewöhnliches ist – aber einzig und ein Geheimnis ist es jedes Mal.
Maria ist eine der zahllosen Frauen in dieser Welt, die das Leben zur Welt gebracht haben, das da aus ihr von Gott her geboren werden wollte als der einzige Sohn. Allen Müttern der Welt ist sie eine Schwester, weil sie Jesu Mutter ist.

Wir alle sind von Müttern geboren, viele Frauen sind vielleicht auch zu Müttern geboren von all den Kindern dieser Welt. Aber selbst wenn das die Berufung ist, selbst Maria, die Mutter Jesu, die Gottesmutter, erwählt und begnadet, – keine ist als Mutter geboren, jede muss erst Mutter werden, langsam lernen und verstehen und üben, was das heißt.
Heilige Maria, du Mutter Jesu, sieh mütterlich auch auf mich, dass durch mich zur Welt kommt und das Leben findet, was ich zur Welt bringen soll, dass ich das bejahe und mittue und mich nicht abbringen lasse davon.
Die du Jesus in Betlehem geboren hast, bitte für mich, gib auf mich acht.[2]

Lk 2,19: Mehrfach heißt es im Evangelium, wie beispielsweise an dieser Stelle, dass Maria nachdenkt über das, was geschieht, was andere Menschen, seien es Hirten oder Könige, zu ihr sagen. Es heißt, dass sie dies in ihrem Herzen bewahrt und bewegt. Isa Vermehren schreibt: „Wir leben oft in einer Hetze, die uns nicht mehr erlaubt, unser eigenes Leben im Blick zu behalten und nach dem verborgenen Sinn dessen zu fragen, was uns widerfährt – dann wird das Leben rasch fade und verlangt nach Abwechslung und Sensation, dem gängigen Ersatz für

Sinn. Wer aber aufhört, in der Weise Mariens über sich selbst nachzudenken, wird taub für die Stimme Gottes im eigenen Herzen."[3] Hilf uns, Maria, es ist Zeit ...

Lk 2, 45-51: In diesem Abschnitt schreibt Lukas, wie Maria und Josef auf dem Rückweg von der Wallfahrt nach Jerusalem erkennen, dass sie Jesus verloren haben und wie sie Jesus suchen. Bei Maria will ich lernen zu suchen, was mir oder meiner Familie oder den Menschen, die mir nahe stehen oder anvertraut sind, verloren ging – auch Jesus zu suchen, wenn er mir verloren geht, weil ich vielleicht, ohne es zu merken, auf meinen eigenen Wegen einfach zu gedankenlos und unaufmerksam weitergelaufen bin. Bei Maria will ich lernen zu fragen, meine eigenen echten Fragen zu fragen. Viele Menschen kommen ja vor lauter Drumherum und Oberfläche und dem Lebensbetrieb, den sie zugelassen haben, gar nicht mehr zu den eigentlichen Fragen ihres Lebens, die tiefer liegen. Wenn wir aber nicht mehr zu unsern Fragen kommen, wie sollen wir dann die Antwort erfahren? Bei Maria will ich lernen, Jesus die Fragen meines Lebens zu stellen, so gut ich sie eben zu fragen verstehe, bei ihr lernen, mit meiner Ratlosigkeit umzugehen, wenn ich – wie sie damals

– seine Antworten nicht wirklich verstehen kann, die sich oft erst nach und nach entschlüsseln und entziffern lassen. Das geschieht doch oft. Mit Maria will ich lernen, mich von Jesus rückfragen zu lassen, „wusstest du denn nicht ...?“ Das geschieht doch oft. Hilf mir, Maria, es ist Zeit ...

Maria erlebte das Erwachsenwerden Jesu, dann seinen Aufbruch. Maria erlebte die Ablehnung Jesu in seiner Heimatstadt Nazareth, in der sie ja weiterhin wohnen blieb (Lk 4,20-30). Maria erlebte die Wanderpredigten Jesu, erlebte Berufungen und Heilungen. Wie viel Neues und Unerwartbares, wie viel Herausforderndes und Ungereimtes, wie viel Licht und wie viel, nach menschlichem Ermessen, Unklares, Unabsehbares. Wie viel Sehen und wie viel Nichtsehenkönnen.
Hilf mir, Maria, all das auch in meinem Leben zu sehen, zu erkennen und richtig anzunehmen, darin lebendig glauben und leben zu lernen, darin zu reifen und den Weg Jesu mitzugehen, wie immer er ihn denn führen will.

Mt 12,46-50; Mk 3,31-35; Lk 8,19-21: Bei den meisten neutestamentlichen Stellen, die uns Maria zeigen, handelt es sich um Sondergut der einzelnen Evangelisten. Eine Szene allerdings kommt bei allen drei Synoptikern, Matthäus, Markus und Lukas, vor. Bei Matthäus lese ich: „Als Jesus noch mit den Leuten redete, standen seine Mutter und seine Brüder vor dem Haus und wollten mit ihm sprechen." Nach Lk 8 konnten sie wegen der vielen Leute aber nicht zu ihm gelangen. Und Jesus sagt zu den Menschen: „Wer ist meine Mutter, wer sind meine Brüder?" Und dann streckt er die Hand über seine Jünger aus und sagt: „Das hier sind meine Mutter und meine Brüder. Denn wer den Willen meines himmlischen Vaters erfüllt, der ist für mich Bruder und Schwester und Mutter." Da stehen auf der einen Seite Maria und die Verwandten, die – mit was für einem Gemisch von Gedanken und Gefühlen! – nach Jesus suchen, ihm nachgegangen sind, nach ihm fragen und nicht ganz zu ihm finden und gelangen können. Es lohnt sich, diese Seite zu meditieren. Auf der anderen Seite steht Jesus, der seine wahren Verwandten beschreibt als die, und zwar **alle die**, die „den Willen des himmlischen Vaters erfüllen", oder, wie es an der entsprechenden Stelle bei Markus und Lukas heißt, „Gottes Wort hören und danach handeln", d. h., aus ihm leben und reagieren und alles tun. Jesus hat in dieser Szene aber keineswegs seiner Mutter diese wahre Verwandtschaft abgesprochen, man denke da an das Wort, das er dem Johannesevangelium nach vom Kreuz zu Maria und Johannes sagt: „Siehe da, deine Mutter. – Siehe da, dein Sohn.“ Vielmehr hat er den Leuten, die da bei ihm waren, und den Jüngern den Weg in die wahre Verwandtschaft offen gezeigt. Heute sind wir diese Leute. Heute kann jede und jeder von uns Schwester und Bruder und Mutter Jesu werden, den wir wohl nicht als das Kind Jesus zu tragen haben, wie Maria ihn getragen hat, aber den wir doch immer wieder tragen sollen ins Leben hinein, in dieser inneren, innersten Verwandtschaft, die wir bei Maria lernen können.

Joh 2,1-12: Im 2. Kapitel des Johannesevangeliums findet sich die Perikope von der Hochzeit zu Kana, auf der Jesus – auch auf das Drängen seiner Mutter hin – sein erstes Zeichen wirkte. Mit seiner Mutter Maria und seinen Jüngern war er als Gast zur Hochzeit gekommen. Die Geschichte ist tief und vielschichtig. Hier soll aber nur auf einen Teil hingewiesen sein, auf Marias Teil daran.
Maria sieht den Mangel an Wein und sagt es Jesus. Auch ich will den Mangel, Armut und Not sehen und wahrnehmen, da wo ich gerade bin, will es nicht dabei bewenden lassen und darin steckenbleiben, sie

zu ergründen und zu analysieren und anzupacken, sondern sie zu Jesus hin aussprechen.
Und wie Maria will ich denen, die jeweils dabei und davon betroffen sind, ein Mensch werden, der glaubwürdig raten kann: „Was er euch sagt, das tut." Denn das geschieht in unserm Miteinander heute ja viel zu wenig, – und es wäre doch so wichtig, dass wir diesen Rat einander nicht verschweigen. Ich bin überzeugt, solcher Rat, solches Tun würde uns weiterbringen und bei Vielem helfen, bei viel Mangel abhelfen.
Und wenn es mir, wie Maria, geschehen sollte, dass Jesus mir nicht gleich freundlich zustimmt, wenn er mich anschweigt und wie links liegen lässt, dann soll mich das doch nicht irremachen, dazu weiß ich doch schon so viel mehr von ihm und seiner Art. Und unter Verwandten und in der eigenen Familie ist man ja längst nicht immer so höflich in der Reaktion wie bei gelegentlichen Gästen und seltenem Besuch. Dann will ich einfach abwarten, wie es weitergeht, und jedenfalls unbeirrt den andern sagen, was so wichtig ist weiterzusagen: Was er euch sagt, das tut.

Joh 19,25-27: Im Johannesevangelium heißt es, dass Maria mit Johannes unter dem Kreuz steht, an dem Jesus hängt und qualvoll stirbt. Ein Mensch muss innerlich wirklich Weg und weite Wege gegangen sein, um da noch menschlich stehen zu können, dabeizubleiben, nicht wegzulaufen, nicht zu zerbrechen, auch wenn ihr da „ein Schwert durch die Seele fährt“. Das alles lernt man nicht erst, wenn es soweit ist. Da zeigt sich wieder das Geheimnis Mariens, die dem Ratschluss Gottes nicht ausweicht, auch wenn er unbegreiflich und furchtbar scheint. Solches muss ein Mensch in vielen kleineren Situationen eingeübt haben, das ist keinem angeboren, wird keinem in die Wiege gelegt, fällt keinem in den Schoß, da kann man nur langsam und muss man ganz allmählich hineinwachsen. Ich will es lernen, üben mit Maria, in meinen Alltäglichkeiten, ohne mich davonzustehlen.

Isa Vermehren schreibt in diesem Zusammenhang: „Maria hat das Schicksal ihres Sohnes angenommen und ausgehalten, ohne wankend zu werden in ihrer Hingabe an ihn und den Willen seines und ihres Vaters. In unserer leistungs- und karrierebewussten Zeit... muss man nachfragen, worin das Große und Beispielhafte des Tuns der Maria liegt. Es gibt eine Todverfallenheit in der Welt, die von Christi Tod überwunden, aber nicht aufgehoben ist. Wo immer sie uns begegnet, schrecken wir vor ihr zurück, im Übrigen verleugnen wir sie. Maria, vor allem Maria unter dem Kreuz, zeigt uns, dass der Mensch standhalten kann angesichts des Todes, der ihm das Liebste nimmt, dass unsere Hoffnung sich spannen darf über jeglichen Abgrund des Scheiterns, der Sinnlosigkeit, der Verzweiflung, dass allem Leid Linderung beschieden ist, wenn es zum Mitleid wird. Mitleid haben, Mitleiden können – das ist die große und tröstliche Tat christlicher Liebe, und keinen gibt es, der ihrer nicht bedarf."[4]

Heute sah ich in der Zeitung auf der Titelseite ein Foto der deutschen Handballmannschaft nach dem Gewinn der Weltmeisterschaft. Alle trugen sie goldene Pappkronen auf den Köpfen, mit denen das Publikum sie nach dem Sieg gekrönt hatte. Wofür eigentlich sind Kronen ein Zeichen?
Für Macht und Herrscherwürde, für Gipfel und Bestes, für höchstes Maß und Glück, und meistens glänzen sie kostbar von Gold und Edelsteinen oder Blütenpracht.
Den Menschen sind Kronen nicht angeboren oder zugewachsen wie den Hirschen das Geweih oder die Baumkronen den Bäumen. Beim Menschen kommen sie hinzu, werden verliehen und aufgesetzt. Wer sie eigenmächtig nimmt und sich selbst krönt, dem haftet ein Hauch von Makel an, jahrhundertelang, wie dem Friedrich Barbarossa oder auch Napoleon Bonaparte, als er Kaiser wurde.

Wird einer Sache die Krone aufgesetzt, geht es um ein Übermaß an Unverschämten, Gemeinem, Spott, da wird das Maß der Frechheit vollgemacht.
Eine Krone von Spott, Gemeinheit und Häme wird Jesus aufgesetzt, dornig und verwundend in die Stirn gepresst.
Er steht, wehrlos preisgegeben einem üblen Spiel und brutalen Spielern.
In das Antlitz, das Gottes Schönheit und Liebe widerspiegelt wie keines sonst, werden höhnisch krönend die Dornen der Erde getrieben.
Heilige Maria, du hast sein Gesicht gesehen, als er ein Kind war, als er heranwuchs, als er ein Mann wurde, kennst es wach und müde, lachend und weinend, zornig und fragend, betend und lehrend, kennst Zeichen in seinem Gesicht und Wirklichkeiten hinter seiner Stirn von unendlicher Kostbarkeit. Du hast leuchten sehen, was jetzt so verwundet ist und entstellt durch Menschen.
Heilige Maria, erbitte uns innere Kraft, dass in uns wächst, was standhält und nicht mitspielt, wo Gottes Menschenantlitz mit Dornen gekrönt wird.[5]

Es gibt viele konkrete Weisen, in denen ich vom Geheimnis Mariens lernen, bei Maria lernen kann. Eine ist, die biblischen Szenen am Ort meines Lebens und auf diesen Ort hin zu lesen und zu meditieren. Da will die biblische Wahrheit sich mit meinem konkreten Leben zusammentun, sonst bleibt die Heilsgeschichte ja nicht lebendig in meiner Wirklichkeit. Eine weitere kann es sein, in den praktischen Dingen, Aufgaben, Schwierigkeiten und Freuden meines Lebens, – und das sind ja die Umstände meiner Nachfolge Jesu – in einen inneren Dialog mit Maria kommen. Menschen reifen immer im Dialog, wenn auch nicht nur dem der äußeren Worte. Einen solchen Dialog kann ich auch mit Maria leben, darin mit ihrer Geistesart, mit ihr selbst eine Beziehung pflegen und vertraut werden.

Eine weitere Weise des Lernens und Hineinwachsens kann auch das Beten des Rosenkranzes sein. Es ist ein Gebet der Sammlung, das von der Wiederholung lebt, ein mantrisches Gebet, wie es alle Religionen kennen. Aus der Perspektive Mariens schauen wir, Gesätz um Gesätz, ein Geheimnis des Heils und unserer Erlösung betend an, schwingen wir in diese Bewegung hinein. Im wiederholten, gesammelten Beten wird uns die Wirklichkeit des Heils innerlich, sie wird verinnerlicht und kann so in der Tiefe des betenden Herzens wirken, wie es ähnlich ja auch beim Jesusgebet der ostkirchlichen

Tradition geschieht. Es genügt ja bei weitem nicht, dass Verstand und Erkenntnis ihre Tore öffnen, das tiefe Herz muss sich auftun, wenn eine Wahrheit unser Leben prägen soll. Das Rosenkranzgebet ist ein Schatz in der Gebetstradition der Kirche, der ins kleinste Handgepäck hineinpasst und uns, innerlich wie äußerlich, überallhin begleiten kann, an den wir uns, wenn wir wollen, überall halten können. Wir brauchen das gesammelte Beten in der häufigen Zerfahrenheit und Reizüberflutung, der Gefahr überwiegender Äußerlichkeit heute.
Romano Guardini schrieb im Krieg, im Jahr 1940 in Berlin eine kleine Schrift mit dem Titel „Der Rosenkranz Unserer Lieben Frau“. Darin heißt es: „Der Rosenkranz ist ein Verweilen in der Lebenssphäre Mariens, deren Inhalt Christus war.“ Und er schreibt: „Der Rosenkranz ist kein Weg, sondern ein Raum, er hat kein Ziel, sondern eine Tiefe. In ihm zu weilen, tut gut.“[6]

Geheimnisse bleiben Geheimnisse, auch wenn einer ihrer gewahr wird, sie anschaut und mit ihnen lebt, das Unabsehbare und Unbenennbare bleibt ihnen deutlich zueigen.
Geheimnisse sind keine Rätsel, die einer lösen kann, aber leben kann man mit ihnen, und in sie hinein kann

man wachsen und aus ihnen heraus handeln und neue Schritte tun ins Land, das uns vor den Füßen liegt.
Gott denkt nicht klein vom Menschen, ich will es auch nicht tun, nicht klein vom Menschen denken, der in Maria, der Mutter Jesu, schon ganz in den Himmel aufgenommen, lebendig in Gottes Herrlichkeit erhoben ist. Amen, halleluja!
Viele Menschen denken klein vom Menschen, halten ihn klein, machen ihn klein, ducken ihn und deckeln ihn, missbrauchen ihn für sich und einen Gewinn, bei dem niemand gewinnt, und gehen verächtlich mit ihm um und schätzen ihn gering, vor seiner Geburt, nach seiner Geburt, im eigenen Land, im fremden Land, überall auf der Erde, am Ende des Lebens, an den Grenzen des Lebens, in der Schwachheit des Lebens.
Gott denkt nicht klein vom Menschen, ich will es auch nicht tun, nicht klein vom Menschen denken, der in Maria, der Mutter Jesu, schon ganz in den Himmel aufgenommen, lebendig in Gottes Herrlichkeit erhoben ist. Amen, halleluja!
Als die Welt aus den Fugen war und das Gesicht des Menschen entstellt von der Erfahrung von Krieg, Zerstörung und maßloser, grausamer Menschenverachtung, hat ein Hirte, der Papst war, im Namen der Kirche Jesu Christi laut gesagt und verkündet, was lange schon geglaubt worden ist, was wir glauben dürfen:

Gott denkt nicht klein vom Menschen, ich will es auch nicht tun, nicht klein vom Menschen denken, der in Maria, der Mutter Jesu, schon ganz in den Himmel aufgenommen, lebendig in Gottes Herrlichkeit erhoben ist. Amen, halleluja!
Bitte für uns, heilige Maria, die du ganz in Gottes Himmel lebst.[7]

Bei Maria lernen, d. h., immer mehr in eine ganzheitliche Christusbezogenheit und die Jüngerschaft hineinzuwachsen, auf Gott hin zu sein in schlichter Echtheit, im ganz Konkreten. Dienst, Aufmerksamkeit und Hingabe an den Heiligen Geist, den eigenen Dienst zu tun, ohne je das große Ganze aus dem Sinn zu verlieren, den universalen Heilswillen Gottes nicht zu hindern auf dem Erdboden und Lebensfeld, auf dem ich stehe und gehe. Bei Maria kann ich existentiell lernen, wie das gehen, werden und reifen kann, – und wie ich's ihr anvertraue, so wird sie mir helfen.

Manfred Becker-Huberti

DIE MARIENFESTE IM KIRCHENJAHR UND IHRE TRADITION

Hochfest der Gottesmutter Maria

Noch vor dem 7. Jahrhundert war es in Rom üblich, am 1. Januar ein Fest „Natale sanctae Mariae" zu feiern, ein allgemeiner Gedenktag der Gottesmutter, kein Fest der Geburt. Die Übernahme der byzantinischen Marienfeste am 25. März (Verkündigung Mariens) und 15. August (Himmelfahrt Mariens) nahmen diesem Fest aber die Bedeutung. Das in Spanien und Gallien am 1. Januar übliche Fest der Beschneidung des Herrn (In Circumcisione Domini) wurde im 13./14. Jahrhundert von Rom übernommen und blieb bis zur Kalenderreform nach dem Zweiten Vatikanischen Konzil erhalten. An diesem Tage gedachte man der Beschneidung Jesu acht Tage nach der Geburt, wie in Lukas 2,21 berichtet. 1969 wurde der Festtag wieder zu einem Marienfest umgewandelt: Hochfest der Gottesmuter Maria. An diesem Tag soll auch der „Namensgebung des Herrn" gedacht werden, für die es ein eigenes Fest nicht mehr gibt.

Darstellung des Herrn (Mariä Lichtmess)

Das heute „Darstellung des Herrn" genannte Fest am 2. Februar wurde seit Anfang des 5. Jahrhunderts in Jerusalem am 40. Tag nach der Geburt Jesu gefeiert, in Rom seit etwa 650. Kerzenweihe und Lichterprozession kamen erst später hinzu, wodurch sich der Name Lichtmess einbürgerte. Auf Wachsmärkten und Licht(er)messen kauften Familien die für das nächste Jahr benötigten Kerzen, die dann in der Kirche gesegnet wurden.
Die weihnachtliche Lichtsymbolik kam an diesem Tag noch einmal zum Tragen, denn eine Lichterprozession fand in der Kirche statt. In manchen Gegenden wurden die Kerzen farblich unterschieden: die Männer bekamen weiße Kerzen, die Frauen rote. Andernorts verwendete man lange Kerzenstöcke in der Kirche, die dann daheim zerschnitten und den einzelnen Familienmitgliedern zugewiesen wurden. Man holte so Jesus Christus, der als Licht der Welt beschrieben wird, ins Haus. Er war, wenn beim Gebet die Kerzen brannten, mitten unter den

Betern. Das war wichtig beim Rosenkranzgebet, besonders aber bei Unwetter, schwerer Krankheit und beim Sterben. Früher war der Tag auch mit einem Lichterumzug verbunden. Die Crêpes, ganz dünne Pfannkuchen, galten an diesem Tag als Festtagsgebäck. Der Köchin, der es an diesem Tag gelang, den ersten Pfannkuchen so in der Luft zu wenden, dass er wieder wohlbehalten in der Pfanne landete, sollte das ganze Jahr über das Geld nicht ausgehen. Auch den Dienstboten ging es an diesem Tag gut: Sie wurden entlohnt und hatten einige Tage frei. Meist besuchten sie ihre Verwandten. Die Weihnachtszeit war nun zu Ende, und für die Bauern begann nun wieder die Feldarbeit. Bei den Handwerkern endete mit Lichtmess die Arbeit bei Kunstlicht, die am Montag nach dem Festtag des Erzengels Michael (29. September) begonnen hatte. Um diesen Tag gebührend feiern zu können, gaben die Meister ihren Gesellen und Lehrlingen oft den Nachmittag frei. So kam er zu dem Namen Lichtblaumontag. Diese Bezeichnung, so sagen einige Experten, sei die Vorlage für jenen berüchtigten Tag geworden, den man sich angewohnt hat, *Blauer Montag* zu nennen, der Tag, an dem man „blau“ macht.

Gedenktag Unserer Lieben Frau in Lourdes

Am 13. November 1907 schrieb Papst Pius X. (1903-1914) ein Fest zur Erinnerung an die erste Erscheinung der Gottesmutter Maria in Lourdes am 11. Februar 1858 vor. Das Fest der Erscheinung der Unbefleckten Jungfrau oder der Tag Unserer Lieben Frau in Lourdes wurde am Jahrestag, dem 11. Februar, eingerichtet. Der neue Kalender führt noch am gleichen Termin den (nichtgebotenen) Gedenktag Unserer Lieben Frau in Lourdes.

Verkündigung des Herrn (Mariä Verkündigung)

Das Fest der Geburt Christi am 25. Dezember ist der Auslöser des Festes Verkündigung des Herrn (früher: Verkündigung der Gottesmutter, Fest Mariä Verkündigung) am 25. März. An diesem Tag, neun Monate vor seiner Geburt, erinnert die Liturgie an die Botschaft des Engels an Maria und deren Antwort: „Ich bin die Magd des Herrn; mir geschehe, wie du es gesagt hast." Das von der Westkirche im 7. Jahrhundert übernommene Fest lässt sich in der Ostkirche bereits im 6. Jahrhundert nachweisen. Heute wird das Fest nicht mehr als Marien-, sondern als Herrenfest gerechnet. Passend zum Festtag wurde früher am Vortag, dem 24. März, des Verkünders und Engels Gabriel gedacht (verlegt auf den 29. September). Da Christus als Sonne und aufgehendes Licht gedeutet wurde, galt Maria Verkündigung, wenn die Geburt Christi verheißen wird, als Tag der Wiedergeburt des Lichtes, was die Natur in ihrem Jahreslauf eindrucksvoll bestätigte. Noch einmal werden Frühlingsbräuche wie z. B. das Vertreiben des Winters ausgeübt. Zeitweise und in bestimmten Gegenden galt der Tag als eigentlicher Frühlingsanfang. Die zum Frühjahr aus dem Süden heimkehrende Schwalbe gilt als das der heiligen Maria und Gottesmutter gewidmete Tier.

Marienmonat Mai

„Maria, Maienkönigin, dich will der Mai begrüßen. O segne ihn mit holdem Sinn und uns zu deinen Füßen. Maria, dir empfehlen wir, was grünt und blüht auf Erden. Lass uns in dieser Pracht und Zier das Werk des Schöpfers ehren“, heißt es in einem alten Marienlied, das im Monat Mai vielerorts noch gesungen wird. Der „größten aller Frauen“, wie dieses Lied die Mutter Gottes nennt, ist der schönste aller Monate, in dem alles ergrünt und erblüht, geweiht. In nahezu jeder Kirche steht ein Abbild von Maria. Und im Monat Mai ist es in der Kirche so geschmückt, wie es früher auch die Maialtäre zu Hause waren. In der Kirche, zu Hause oder in Kapellen und an Bildstöcken trifft man sich zur Maiandacht und wendet sich an die Gottesmutter, die in ihrer Menschlichkeit und Wärme den Menschen immer besonders zugänglich war. Diese Formen der Marienfrömmigkeit stammen aus dem barocken Italien und haben sich im 19. Jahrhundert in Deutschland ausgebreitet. Papst Paul VI. hat in seiner Enzyklika *Mense maio* vom 1. Mai 1965 die Verehrung Mariens im Mai als „teure Gewohnheit" empfohlen. In der Kunst wird Maria gerne mit symbolischen Blumen dargestellt. Maiglöckchen, Gänseblümchen, Veilchen, Akelei, Lilien und Rosen sind die Blumen Mariens, und die Walderdbeere ist ihre ganz besondere Frucht. Der Legende nach sammelt sie einmal im Jahr auf der Erde Walderdbeeren, um damit die als Kinder Verstorbenen im Himmel zu füttern. Als rote Frucht deutet die Erdbeere auch auf die Passion Christi; ihre dreiteiligen Blätter verweisen auf die Trinität; und weil die Erdbeere gleichzeitig blühen und fruchten kann, ist sie auch ein Symbol der Jungfräulichkeit Mariens. Die Rose, so will es die Legende, habe vor dem Sündenfall keine Dornen getragen, und so wird die ohne Erbsünde empfangene Maria als *Rose ohne Dornen* bezeichnet.

Gedenktag Unbeflecktes Herz Mariä

In der Urkirche war die Verehrung des Herzens Mariä schon üblich, die sich parallel zur Herz-Jesu-Verehrung entwickelt hat. Im 17./18. Jahrhundert lebte diese Betrachtungsform auf. Das Fest des Unbefleckten Herzens der allerseligsten Jungfrau Maria (Festum Immaculati Cordis B.M.V.) wurde zu Anfang des 19. Jahrhunderts durch Papst Pius VII. (1800-1823) bestätigt und erhielt 1855 durch Pius IX. (1846-1878) ein eigenes Offizium. Gefeiert wurde es am 22. August, dem Oktavtag von Mariä Himmelfahrt. Pius XII. (1939-1958) hat im Zweiten Weltkrieg an diesem Festtag die Kirche und die Menschheit dem Unbefleckten Herzen Mariens geweiht (Marienweihe). Um dieses Fest lebendig zu halten, schrieb es Pius XII. 1944 für die gesamte Kirche vor. Der neue Kalender hat den 22. August bereits belegt durch den Gedenktag Maria Königin und ordnete darum den Gedenktag „Unbeflecktes Herz Mariä“ am Samstag nach dem Herz-Jesu-Fest ein, dem Samstag nach dem 2. Sonntag nach Pfingsten.

Fest Mariä Heimsuchung

Das Fest Mariä Heimsuchung (In Visitatione B.M.V.) wurde 1263 vom Franziskaner-Ordensgeneral Bonaventura (1217/18-1274) für die Franziskaner eingeführt. Es wird an der Oktav zum Geburtsfest Johannes' des Täufers (2. Juli) gefeiert und gedenkt des Besuchs der Gottesmutter bei ihrer Base Elisabeth, die schwanger ist mit Johannes, dem Wegbereiter Jesu (Lukas 1,39-45). Das Basler Konzil schrieb 1441 dieses Fest für den 2. Juli vor. Unter Papst Pius V. (1566-1572) fand der Tag Aufnahme in den allgemeinen Festkalender. Der aktuelle römische Festkalender hat das Fest auf den 31. Mai verlegt, um einen sinnvollen Festablauf – 25. März: Verkündigung, 24. Juni: Geburt Johannes' des Täufers – zu geben. Der deutsche Regionalkalender hat am alten Termin, dem 2. Juli, festgehalten, wie übrigens die evangelische Ordnung auch. Als regionale Eigenfeier trägt es den Namen Mariä Heimsuchung. In Deutschland nannte man den Tag früher auch: Maria Endrop, Mariasiep. Der Tag galt als Wetterwende und war mit der Wetterregel verbunden: Fällt an Mariä Heimsuchung Regen, regnet es vierzig Tage lang. Die niederdt. Wortbildung basiert auf: „siepe“ = triefen, „droppe“ = tropfen. Der Beginn der Erdbeerernte zu

Mariä Heimsuchung ist mit einer liebenswerten Legende verknüpft: Danach wurde Maria auf dem Weg zu ihrer Base durstig und pflückte eine Erdbeere am Waldesrand. Seit ihrem Tod und ihrer Himmelfahrt geht sie nun jedes Jahr für die früh verstorbenen Kinder, die im Himmel unter ihrer persönlichen Obhut stehen, Erdbeeren pflücken. In Schwaben zündete man bis zu diesem Tag allabendlich das Johannisfeuer wieder an. Als Marienfeuer brannte es an diesem Tag zum letzten Mal.

Fest Unserer Lieben Frau auf dem Berge Karmel

Seit dem Ende des 14. Jahrhunderts feierten die Karmeliten ein Fest Unserer Lieben Frau auf dem Berge Karmel, das sie zugleich als Skapulierfest begingen (Skapulier [lat.: Schulterkleid] ist ein körperbreiter Tuchstreifen, der nach vorn und hinten abfallend über der Kutte der Ordensleute als Zeichen der besonderen Marienverbundenheit getragen wird). Papst Benedikt XIII. (1724-1730) dehnte das Fest 1726 auf die ganze Kirche aus. Heute wird es im Kalender als nichtgebotener „Gedenktag Unserer Lieben Frau auf dem Berge Karmel“ geführt und am 16. Juli gefeiert.

Santa Maria Maggiore (Maria Schnee)

Die Legende erzählt, dass der Bauplatz für diese römische Kirche durch Schneefall im Sommer angezeigt wurde. Die Kirchweihe dieser nach dem Konzil von Ephesus (432) von Papst Sixtus III. (432–440) erbauten Kirche erfolgte an einem 5. August. Seit 1568 wird die Kirchweihe von *Santa Maria Maggiore* oder *Maria Schnee* von der gesamten Kirche alljährlich gefeiert. Die *Mutter aller Marienkirchen* entstand durch die auf dem Konzil vorgenommene Definition Marias als *Gottesmutter* und *Gottesgebärerin.* Sie war aber nicht nur die Frau, die den Gottmenschen empfing, gebar und erzog, sondern zugleich auch die erste Christin. Wie sie glaubte, können wir glauben. Sie wird seit jeher von den Menschen als Mutter aller Christen verstanden und in ihrer Mütterlichkeit als Fürbitterin angerufen. Papst Sixtus hatte für seinen Kirchbau die Vorgängerkirche *S. Liberiana* abreißen lassen, die Papst Liberius (352–366) an gleicher Stelle errichtet hatte. Sie war nicht nur der Ort der ersten beweisbaren Weihnachtspredigt am 25. 12. 354. Hier wurden und werden auch die Holzteile aufbewahrt, die über Jahrhunderte als Krippe Jesu galten. Die Kaiserin Helena, Mutter Kaiser Konstantins, hatte sie aus dem Heiligen Land dort hin gebracht. Auch wenn man heute weiß, dass diese Holzteile nicht wirklich die Bestandteile der Krippe Jesu bildeten, werden sie nach wie vor in einer vergoldeten Schatulle aufbewahrt. Auf dem Bogen, der den Längsraum der Kirche von der Apsis trennt, wird die *Adoration* dargestellt, die Anbetung der Heiligen Drei Könige. Die Kirchenbesucher finden hier ihre ersten Vorgänger, Nichtjuden, die zur Anbetung des neugeborenen Gottessohnes gekommen waren. Viele Elemente, die sich Jahrhunderte später im Weihnachtsfest entfalten, sind in dieser ehrwürdigen Kirche bereits vorhanden.

Mariä Aufnahme in den Himmel

Schon vor dem Konzil von Chalcedon im Jahr 451 war in der Ostkirche die Feier der leiblichen Aufnahme Mariens in den Himmel, das Fest *Mariä Himmelfahrt*, in Gebrauch. Mindestens seit dem 7. Jahrhundert hatte die Westkirche dieses Fest am 15. August übernommen. Es wird heute als Hochfest Mariä Aufnahme in den Himmel gefeiert und hat durch die am 1. November 1950 durch Papst Pius XII. erfolgte Dogmatisierung der Aufnahme Mariens mit Leib und Seele in den Himmel einen starken Akzent erhalten. *Mariä Himmelfahrt*, auch *Großer Frau-*

entag, Maria Würzweih, Büschelfrauentag genannt, ist nach wie vor mit einer Kräuterweihe verbunden. Warum gerade dieses Fest mit Kräutern in Verbindung steht, lässt sich nur spekulativ beantworten. Wohl kaum dürften die Marienlegenden ursächlich sein: Die *Legenda aurea* berichtet, auf Weisung eines Engels sei dem Leichnam der Maria eine Palme vorangetragen worden. Christus selbst habe sich drei Tage nach dem Tod seiner Mutter auf der Erde eingefunden, um den Leichnam seiner Mutter auf dem Weg in den Himmel zu begleiten. Dabei habe der Leichnam einen unaussprechlich guten Duft verbreitet. Eine jüngere Legende berichtet, das Grab Mariens habe duftende Rosen enthalten, als man es öffnete. Es ist zu vermuten, dass die zu dieser Jahreszeit anzutreffende Getreidereife und Hochblüte der Natur in Erinnerung brachten, dass Maria als „Blume des Feldes und Lilie in den Tälern“ (Hoheslied 2,1) bezeichnet und seit dem 5. Jahrhundert als „guter und heiliger Acker“ verehrt wurde, der eine göttliche Ernte erbracht hatte. Die Symbolhandlung, mit Hilfe Gottes die Kräfte der Natur zu Gunsten von Mensch und Tier einzusetzen, lohnt, neu überdacht zu werden: Der Zusammenhang zwischen Heil und Heilung kann daran erfahren werden.

Maria Königin

Einzelne Orden und Diözesen feierten im 19. Jahrhundert bereits zu verschiedenen Terminen Maria-Königin-Feste. Papst Pius XII. führte am 1. November 1954 zum Abschluss des Marianischen Jahres anlässlich der Hundertjahrfeier der feierlichen Verkündigung des Glaubenssatzes von der Unbefleckten Empfängnis Mariens durch Pius IX. im Jahre 1854 das Fest Maria Königin weltweit ein. Das geschah durch die Krönung des Gnadenbildes in der Basilika *Maria Maggiore*, der größten Marienkirche Roms. Das von Pius XII. auf den 31. Mai gelegte Fest *Maria Königin* wurde 1969 durch den neuen Generalkalender nach dem Zweiten Vatikanischen Konzil auf den ehemaligen Oktavtag von Mariä Himmelfahrt, den 22. August, verlegt. Die Kalenderreformer hofften, dass „... damit die Verbindung zwischen der königlichen Würde Mariens und ihrer Aufnahme in den Himmel deutlicher wird". Das Königtum Mariens sollte als die Vollendung ihrer glorreichen Aufnahme in den Himmel gedeutet werden. Der auferstandene und erhöhte Christus, selbst vom Vater gekrönt, setzt seiner Mutter die Krone der Vollendung auf. Das uralte Motiv der Marienkrönung hat in der abendländischen Kunst eine lange Tradition.

Ein Bild aus dem 2. Jahrhundert in den Priscilla-Katakomben Roms stellt Maria in der Kleidung der damaligen Kaiserinnen dar. Bereits die Kirchenväter gebrauchten Titel wie *heilige Königin* oder *glückselige Königin*. Im Rosenkranzgebet wird die Krönung Mariens als letztes der glorreichen Geheimnisse meditiert. Die zu königlicher Würde aufgestiegene demütige Magd, die sich durch uneingeschränktes Vertrauen Gottes Wort unterstellt hat, wurde zur ersten Bürgerin des himmlischen Reiches und erlangte so die Königswürde der Gotteskindschaft – stellvertretend für alle, die ihr „Ja" nachzuleben versuchen.

Maria Geburt

Ende des 5. Jahrhunderts entwickelte sich, aus dem Weihefest der Kirche der Gottesmutter „wo sie geboren ist" entstanden, das Fest Mariä Geburt (In Nativitate B.M.V.), am 8. September. Im 7. Jahrhundert war dieses Fest in der Ost- und Westkirche in Übung. Dieses Fest der Geburt Mariens, heute Fest Mariä Geburt, bestimmte auch als Termin des jüngeren Festes der Empfängnis Mariens neun Monate zuvor: den 8. Dezember.

Maria Namen

Ein Fest vom Namen Marias bestand schon 1513 im spanischen Bistum Cuenca. Als bei der Belagerung Wiens am 12. September 1683 die Türken vernichtend geschlagen wurden, richtete Innozenz XI. (1676–1689) 1683 das Fest *Mariä Namen* am 12. September für die Weltkirche als Dankfest für die Befreiung Wiens ein. Der neue römische Generalkalender hat das Fest gestrichen, weil sein Inhalt bereits im Fest Mariä Geburt enthalten ist. „Wegen des historischen Bezuges zum Sprachgebiet und der Verwurzelung im Volk“ (so der Text im Messbuch) blieb es aber im deutschen Regionalkalender erhalten. Zwar hat der Tag kein Brauchtum ausgebildet, lenkt aber die Aufmerksamkeit auf den Vornamen *Maria*. Er ist die griechische und lateinische Form des hebräischen Namens *Mirjam*, als *Geliebte* zu deuten. Die Mutter Jesu war im 4. und 5. Jahrhundert, als in der Kirche um das wahre Wesen Jesu Christi gestritten wurde, zur *Gottesgebärerin* (griech. *Theotokos*) geworden. Das Konzil von Nicaea 325 hatte nämlich in seinem Glaubensbekenntnis (lat. *Symbolum Nicaenum*) die Göttlichkeit Jesu definiert. Die Gottesmutterschaft und ihre Rolle als „erste Christin“ hat Maria unvergleichbar gemacht. Die *Mutter Gottes* ist auch *Unsere Liebe Frau*, französisch *Notre Dame*, englisch *Our Lady*, italienisch *Madonna*, griechisch *Panhagia*. Die zahlreichen *Liebfrauenkirchen* gehen auf sie zurück, ebenso viele Orts-, Inselnamen, Bezeichnungen für Weinlagen und Tiere und Pflanzen. Bis in die Gegenwart ist Maria in allen Namensvarianten der beliebteste Mädchenname. Der Koran erwähnt Maria (arabisch *Marjam*) mehrfach. Die dritte Sure betont Marias Zugehörigkeit zu Moses, beschreibt ihre göttliche Erwählung (Sure 3,42ff.) und stellt sie in die Reihe der von Allah auserwählten Menschen (Sure 21,91). Sie ist Beispiel für die Gläubigen (Sure 66,12).

Gedächtnis der Schmerzen Mariens

Ein *Fest der Sieben Schmerzen Mariens* zu feiern, wird 1423 auf einer Kölner Synode empfohlen. 1667 wurde es den Serviten erlaubt, dieses Fest zu feiern, ehe es 1688 der heilige Papst Innozenz XI. (1676–1689) offiziell einführte und Benedikt XIII. (1724–1730) weltweit vorschrieb. Verbreitung fand dieses Fest vor allem als Bittgottesdienst für den von Napoleon 1809 gefangen genommenen Papst Pius VII. Es wird gefeiert am Freitag nach dem ersten Passionssonntag. Es memoriert 1. die Weissagung Simeons, 2. die Flucht nach Ägypten, 3. die Entfremdung Jesu von seiner Mutter, 4. das Leid Jesu, 5. den Tod Jesu, 6. seine Abnahme vom Kreuz und 7. seine Grablegung. Am 15. September hat sich parallel ein *Fest der Sieben Schmerzen der allerseligsten Jungfrau Maria* entwickelt. Es war 1814 von Paul VII. als Dankfest für seine Rückkehr aus der Gefangenschaft unter Napoleon eingesetzt worden. Dieser Gedenktag hat allmählich das Fest am Freitag nach dem Passionssonntag abgelöst. Nach der Kalenderreform gibt es nur noch den 15. September als gebotenen Gedenktag, der unter dem Titel *Gedächtnis der Schmerzen Mariens* aufgeführt wird. Der Tag folgt auf das Fest *Kreuzerhöhung* (14. September) und steht zu ihm in Beziehung. An Kreuzerhöhung wird das Hinrichtungswerkzeug Jesu als Siegeszeichen verehrt – am Tag darauf wird das Mitleiden Marias als Mitwirkung an seiner Erlösung und als Vorbild für alle Glaubenden gewürdigt. Im Mittelalter tauchte der Gedanke von den *Freuden Mariens* in den Hymnen auf; ein Beleg findet sich auch bei Caesarius von Heisterbach. Es bildeten sich – parallel zu den Sieben Schmerzen Mariens – *Sieben Freuden* aus: 1. Verkündigung, 2. Heimsuchung, 3. Geburt Christi, 4. Anbetung der Könige, 5. Begegnung mit Simeon, 6. Wiederauffinden Jesu im Tempel, 7. Krönung Mariens. Bildliche Darstellungen beschränken sich auf das 15. bis 17. Jahrhundert. Ein eigenes Fest haben die Sieben Freuden nicht gebildet.

Fest Maria von der Erlösung der Gefangenen

Das Fest Maria von der Erlösung der Gefangenen (Festum B.M.V. de Mercede) war zur Erinnerung an die Gründung des Ordens der Merzerdarier zum Loskauf der christlichen Gefangenen aus der Gewalt der Muslime („Sarazenen"!) durch die Heiligen Petrus Nolaskus (1182-1256) und Raimund von Penyafort (um 1175/80-1275) eingerichtet worden und wurde durch Papst Innozenz XII. (1691-1700) 1696 auf die ganze Kirche ausgedehnt. Das Fest wird heute nicht mehr gefeiert.

Gedenktag Unserer Lieben Frau vom Rosenkranz

Zum Dank für den Sieg über die Türken bei Lepanto am 7. Oktober 1571 ordnete Papst Pius V. (1566-1572) für den ersten Jahrestag des Sieges ein Marienfest an. Papst Gregor XIII. (1572-1585) hat 1573 allen Kirchen, die über einen Rosenkranzaltar verfügten, die Einrichtung eines Rosenkranzfestes am 1. Sonntag im Oktober gestattet. Das Fest wurde auf die ganze Kirche ausgedehnt, nachdem 1716 ein Sieg über die Türken in Peterwardein errungen worden war. 1913 legte Pius X. (1903-1914) den Festtermin zurück auf den 7. Oktober. Im neuen Festkalender erscheint der Termin als Gedenktag „Unsere Liebe Frau vom Rosenkranz".

Fest der Mutterschaft der allerseligsten Jungfrau Maria

Das Konzil von Ephesus definierte 431 gegen Nestorius (428-431 Patriarch von Konstantinopel) Maria als „Gottesgebärerin" (= Theotokos). Nestorius, der Jesus als Mensch sah, in dem Gott „wie in einem Tempel wohnte", hatte nur dem Begriff der „Christusgebärerin" (= Christotokos) zustimmen wollen. Die Mutterwürde Mariens wurde im Jahr 1931, als man den 1500. Jahrestag des Konzils von Ephesus feierte, durch Papst Pius XI. (1922-1939) zum Fest der Mutterschaft der allerseligsten Jungfrau Maria (Maternitas B.M.V.). Durch die Kalenderreform ging dieses Fest im Hochfest der Gottesmutter Maria, das am 1. Januar gefeiert wird, auf.

Gedenktag Unserer Lieben Frau in Jerusalem

Um 500 erfolgte die Weihe der Kirche Maria Nova in der Nähe des Tempels zu Jerusalem. Obwohl die Kirche seit Jahrhunderten zerstört ist, feierte man in der Ostkirche die Darstellung Mariens im Tempel, wovon das apokryphe Protoevangelium des Johannes berichtet: Anna und Joachim hätten Maria im Alter von drei Jahren als Tempeljungfrau in den Tempel nach Jerusalem gebracht. In der Westkirche ist das Fest seit dem 11. Jahrhundert eingebürgert, 1371 wurde es in Avignon von Papst Gregor XI. für die Westkirche eingesetzt. Das Fest Mariä Opferung (In Praesentatione B.M.V.) heißt heute: Gedenktag Unserer Lieben Frau in Jerusalem und wird noch immer am 21. November gefeiert.

Hochfest der ohne Erbsünde empfangenen Jungfrau und Gottesmutter Maria

Ein Fest der Unbefleckten Empfängnis der allerseligsten Jungfrau Maria (In Conceptione Immaculata B.M.V.) ist in der Ostkirche am 8. Dezember seit dem 10. Jahrhundert nachweisbar. Die Zeugung Mariens wird im heutigen, katholischen Kalender als „Hochfest der ohne Erbsünde empfangenen Jungfrau und Gottesmutter Maria“ bezeichnet. Durch die Dogmatisierung der Unbefleckten Empfängnis 1854 hat dieses Fest neues Gewicht bekommen.

Anmerkungen

Martina Bär: Maria – Jungfrau, Gottesgebärerin und Tempel Gottes
Über ihre Bedeutung als Vorbild im Glauben für Männer und Frauen

1 Apokryphes Evangelium meint, dass diese Schrift nicht in den Kanon der Schriften des Neuen Testaments aufgenommen worden war. Der Kanonisierungsprozess begann im 2. Jahrhundert. Hier diskutierten Theologen und Kirchenväter, welche der vielen kursierenden Schriften in das Konvolut der Evangelienschriften des Neuen Testaments aufgenommen werden dürfen. Das Kriterium für die Aufnahme in das Neue Testament war, welche Schrift als orthodox galt und damit für die Lehre der entstehenden Kirche, die sich an der apostolischen Tradition orientierte, normierenden Charakter beanspruchen konnte. Vgl. Ebner, Martin, Der christliche Kanon, in: ders./ Schreiber, Stefan (Hrsg.), Einleitung in das Neue Testament, Stuttgart 2008, 9-52, bes. 31 ff.

2 Ceming, Katharina/ Werlitz, Jürgen, Das Protoevangelium des Jakobus, in: diess. (Hg.), Die verbotenen Evangelien. Apokryphe Schriften, Wiesbaden 2004, 67-92, 67.

3 Ebd., 87.

4 Vgl. Sattler, Dorothea/ Müller, Alois, Mariologie, in: Handbuch der Dogmatik, Bd. 2, hrsg. v. Theodor Schneider, Düsseldorf ^{2}2002, 155-187, 168.

5 Frank, K. S., „Geboren von der Jungfrau Maria“. Das Zeugnis der Alten Kirche, in: Zum Thema Jungfrauengeburt, Stuttgart 1970, 91-120, 115; zit. n. Sattler/Müller, Mariologie, 169.

6 Vgl. Flasch, Kurt, Meister Eckhart. Philosoph des Christentums, München 2010, S. 82 ff.

7 Die folgenden Predigtverweise und Übersetzungen sind entnommen aus: Meister Eckhart, Deutsche Predigten und Traktate, hrsg. und übersetzt von Josef Quint, Zürich 1979.
8 Petrus Lombardus hatte diese Selbigkeit bestritten. Es bestehe keine Gleichheit, sondern nur eine gewisse Ähnlichkeit. Dies wurde allgemeine Ansicht der Theologen.
9 Vgl. Sölle, Dorothee, Maria. Eine Begegnung mit der Muttergottes, Freiburg-Basel-Wien 2005, 57 ff.

Johanna Domek OSB: Marienfrömmigkeit als Begegnung und Lernweg gläubiger Lebendigkeit

1 Johanna Domek – Benedikt Müntnich – Michael Blum, Ave. Die Geheimnisse des Rosenkranzes. Dialogverlag Münster 2008, S. 13.
2 Johanna Domek – Benedikt Müntnich – Michael Blum, Ave. Die Geheimnisse des Rosenkranzes. Dialogverlag Münster 2008, S. 17.
3 Isa Vermehren, in: Kölner Kirchenzeitung, 27.4. 1990, S.11
4 Isa Vermehren, in: Kölner Kirchenzeitung, 27.4. 1990, S. 11
5 Johanna Domek – Benedikt Müntnich – Michael Blum, Ave. Die Geheimnisse des Rosenkranzes. Dialogverlag Münster 2008, S. 45f.
6 Romano Guardini, Der Rosenkranz Unserer Lieben Frau. Berlin 1940.
7 Johanna Domek – Benedikt Müntnich – Michael Blum, Ave. Die Geheimnisse des Rosenkranzes. Dialogverlag Münster 2008, S. 65f.

Manfred Becker-Huberti: Die Marienfeste im Kirchenjahr und ihre Tradition

zusammengestellt aus:

S. 96-97, 99, 102-104, 109, 113-116: Manfred Becker-Huberti, Feiern – Feste – Jahreszeiten. Lebendige Bräuche im ganzen Jahr. Geschichte und Geschichten, Lieder und Legenden © Verlag Herder, Freiburg i. Br., Sonderausgabe 2001, S. 385-396 (11 Auszüge)

S. 97-98, 99-102, 105-109, 110-113: Manfred Becker-Huberti, Das Brauchtum im Kirchenjahr. Entstehung, Bedeutung, Tradtition, St. Benno-Verlag, Leipzig 2009.